KB262101

선포된 평화

—예수의 평화 설교

존 하워드 요더 지음

조 의 완 옮김

요더 총서 **8**
선포된 평화–예수의 평화 설교

지은이	존 하워드 요더 John H. Yoder
옮긴이	조의완
초판발행	2012년 6월 24일
펴낸이	배용하
책임편집	배용하
등록	제364-2008-000013호
펴낸곳	도서출판 대장간
	www.daejanggan.org
등록한곳	대전광역시 동구 삼성동 285-16
편집부	전화 (042) 673-7424
영업부	전화 (042) 673-7424 전송 (042) 623-1424
ISBN	978-89-7071-296-3

이 책의 한국어 저작권은 Herald Press와 독점계약한 대장간에 있습니다.
기록된 형태의 허락 없이는 무단 전재와 복제를 금합니다.

 값 10,000원

차 례

만일 누군가가
요더를 피해갈 수 있다면,
그는 무심한 사람이다.
뻔뻔한 사람이거나…
대장간 편집부

<h1 style="text-align:center">추 · 천 · 의 · 글</h1>

책을 감수하는 이에게 관행이 되다시피 한 죄악은 책에 대한 과장된 찬사에 빠지는 데 있을 것이다. 그렇게 하는 것은 실제로 죄악이다. 그것은 비평적 지성은 물론이거니와 정직함에 대한 모독이라 할 수 있다. 그러한 찬사가 실제로 받아 마땅한 것이 아닌 한 말이다. 따라서 부적합한 찬사가 아닌 경우에는 그 진실함에 진정성이 담긴 찬사가 필요하다. 개인적인 견해로 존 하워드 요더는 열광적인 지지를 보낼만한 몇 안 되는 책을 우리에게 전해주었다고 본다.

무엇 때문에 성서적 평화신학의 메노파 거장에 대한 존경심을 감추어야 하겠는가? 오랜 세월 나는 여러 다른 교회의 전통을 돌아다니는 가운데, 요더의 글들이 도발적인 통찰력을 주는 재료가 되었음을 목격해 왔다. 그는 동시대의 그 누구보다도 설득력 있는, 하나님의 샬롬에 대한 변호자가 되어왔다.

흥미롭게도 요더는 칼 바르트와 라인홀드 니버와 같은 신학의 거장들과 대화하는 가운데서도 그들의 비일관성을 지적하며, 우리 주님이 요구하시는 반폭력과 십자가를 짊어진 제자도에 대한 주저함이 없고 확신에 찬 증인으로서의 자리를 내내 견지했다.

요더의 신약 성서 윤리에 대한 창의적인 재해석이었던 『예수의 정치학」은 지표가 되는 연구였고, 지금도 그러하다. 여전히 그의 신간들이 쏟아져 나오는 가운데, 최근 『당신이라면?』*What Would You Do?* 『전쟁이 정의롭지 못할 때』*When War Is Unjust*와 같은 책에서의 논의들은 『제사장 왕국』*The Priestly Kingdom*에서의 순종적인 시민이 직면 관련된 문제들을 명쾌히 해 주고 있다. 그의 사상과 삶에서처럼, 요더의 모든 저작 가운데는 예수 그리스도의 왕 되심 아래 정의, 자유, 평화에 대한 그의 열망이 구석구석 스며들어 있다.

여기 한 권의 책으로 묶인 내용은 요더가 생애 가운데 성서를 통해 증명하려고 했던 바에 대한 풍성한 결실들이다. 이 책은 본문의 의미를 헤아리려 하며, 평화의 왕으로 성육신 하신 평화의 하나님을 돌아봄으로 다면성을 가진 평화에 대한 가르침을 구체적으로 알고자 하는 이들, 곧 영감 있는 본문에 신실하게 씨름하는 우리 모두에게 매우 귀중한 재료가 되어줄 것이다.

버논 그라운즈
덴버 콘서버티브 침례 신학대학원 명예 교수
"사회정의를 위한 복음주의자들" 회장

또 오셔서 먼 데 있는 너희에게 평안을 전하고 가까운 데 있는 자들에게 평안을 전하셨으니엡2:17

위의 성서본문이 본래 의미하는 바는 말 그대로 예수께서 설교자였다는 의미가 아닙니다. 이것은 그분의 사역이 구두로만 진행된 사역verbal ministry이었음을 의미하지 않습니다. 도리어 본문은 그분의 삶과 죽음이 성육신 해서 드러낸 한 메시지를 드러냅니다. 곧 세상에서의 그분의 전적인 존재는 "평화"로 묘사되는 만물의 새로운 상태의 도래를 알리는 것이었습니다.

그럼에도 불구하고, 우리가 우리 자신의 언어로 그분의 육화된 선포의 말씀을 묵상하는 것이 결코 주제넘은 것이 아닙니다. 도리어 이런 고백은 그 사건이 진실을 반영하는 것이라는 주장을 견지할 때, 우리에겐 하나의 의무로서 자리합니다.

본문이 "가까이 있는 자들"이라고 칭할 때, 우리는 여느 헌신된 모임 안에서 진행되는 대부분의 의사소통이 외부자에게 정보를 주거나 이해를 시키기 위한 것이 아니라는 사실을 새삼 깨닫게 됩니다. 대신 그것은 이미 내부에서 함께 공유하는 이해 혹은 결정 등에 대한 갱신 혹은 심화의 작업이라는 것을 알 수 있습니다. 이 책의 각 장은 모두 한 신앙인이 신앙인들에게 말로 전달했던 내용입니다. 예수께서 이미 그들 자신의 것이 아닌 그 어떤 것도 그의 사람들에게 주시지 않으셨던 것처럼, 이방인들에 대한 이스라엘이 개방을 선포했던 바울의 메시지는 곧 오직 유대인은 오직 유대인들에게만 선포해 왔었음을 언지해 주듯이, 이 책의 묵상들 역시 "평화 교회"의 내부적 소통의 결과물들임을 밝히는 바입니다.

사도들의 실제 사역은 대부분 "가까이 있는 자들"을 위한 것이었습니다. 그것은 이미 믿음의 전통 가운데 참여한 자들을 위한 것이었습니다.

앞으로 소개할 내용은 외부인들과의 논쟁을 위한 것이 아닙니다. 이방인들에 대한 변증이라거나 전도의 목적도 아닙니다. 본문의 메시지들은 이미 기독교 평화운동에 가담한 이들에게 들려진 내용으로, 이것은 이미 확신 가운데 있는 이들이 더욱 견고하게 자라나도록 도우려는 것입니다. 그러나 이 내용 중 어느 것도 교리문답서catechism와 같지는 않습니다. 본문은 어느 것 하나라도 빠뜨리지 않으려는 점검표나 정형화된 공식들 따위는 전혀 사용하지 않으면서, 성서의 주요 주제들에 걸쳐 드러난 축하하는 분위기 속으로 들어갑니다.

이 연구들의 공통점은 주제와 방향의 광범위함에 있습니다. 본문들은 그 양식이나, 연구된 본문의 유형이나, 본문이 발전한 방식 등에서 서로 같지 않습니다. 본문들 속에서 적극적으로 국가적, 제도적 평화 사역을 참조하는 작업은 의도적으로 간접적으로 이루어졌습니다. 번역된 여러 본문은 세상 속에 있지만, 세상과 절대 같지 않은 하나님의 백성에 대해 말해주고 있습니다. 본문은 의도적으로 세계사 가운데 개인적 영성보다 하나님의 사람들이 있는 자리에 대해 더 많이 이야기하고 있습니다. 물론 자세히 들여다보면 둘 사이의 구분은 점점 옅어질 것이지만 말입니다.

이 책에서 소개되는 내용은 "설교"입니다. 각 장은 기꺼이 훈육 받고, 지도받기 원하는 독자들과 청중들을 전제로 신앙인들에게 전해진 내용입니다. 그러나 본문은 회중 예배의 정황을 염두에 두고 준비된 것은 아니었음을 밝힙니다. 그런 면에서 본문은 예화나 예배학적 수사 등과 같이 일반 "설교"의 자리에서 볼 수 있는 요소들이 많이 빠져 있습니다.

오늘날은 대체로 잊혔지만 "성서 강독"이라는 장르는 복음주의적 경험 안에서 오래되었고 그만큼 가치 있는 역사를 갖고 있습니다. 그 직설적인 스타일, 성서 본문에 대한 직접적인 관심, 내용의 실제 분량 등은 교육으로서의 성서를 갖고 있었던 청교도들의 교회, 회복 운동[1], 개척 시대의 대학 등의 자리를 전제하고 있습니다.

성서강론은 개척자로서의 미국의 교회 역사에서 특별한 위치를 차지하고 있습니다. 그것은 많은 사람이 글을 읽고 쓸 줄 아는 능력을 갖추

---

1) 19세기에 신약성서에 입각한 교회회복을 지향한 미국의 교회회복운동을 가리키는 것으로 성서의 권위와 교회의 일치에 초점을 두었다. 회복운동의 창시자들로는 제임스 오캘리 James O' Kelly (1757-1826), 토마스 캠벨 Thomas Campbell (1763-1854), 알렉산더 캠벨 Alexander Campbell (1788- 1866) 등이 있다.

고 있으며 교회 생활에 책임감 있게 참여하는 것을 전제로 하는 교육에서의 의사소통의 한 방식이었습니다. 과거 성서 강연자들은 1850년부터 1930년대 사이, 중서부에 위치한 여느 교회로 찾아와서 한 주, 길게는 두 주간에 걸쳐 매일 밤 헌신된 마음으로 경청하는 청중들을 만날 수 있었습니다. 청중들은 그들의 닳아빠진 성서를 들고 본문 강해를 듣곤 했습니다. 이렇게 강연자에게서 다양한 수준의 박식함과 언어, 고고학, 혹은 고대 근동의 문화적 정황에 대한 구체적인 정보 등을 받아들이는 가운데, 그들은 비평적으로 듣고, "말씀을 받고 이것이 그러한가 하여 날마다 성서를 상고"하는 일베뢰아에서 유대인들이 소통했던 한 방식, 행17:11이 매일의 평신도 그리스도인들의 일임을 믿었습니다.

특수화된 성직자의 예배와는 별도로 메노나이트, 형제단, 친구들퀘이커, 제자들미국 개척자들의 평화 교회들은 혹독한 대가를 치르면서, 위기 가운데 글을 읽고 쓸 줄 아는 평신도의 성서문화에 대한 특별한 비전을 여러 세대 동안 유지했습니다. 이제 한 세기가 흐르고 나서 그것은 평화 사역으로의 새로운 부르심New Call to Peacemaking이라는 이름으로 나눌 기회를 얻게 하였습니다. 그것은 평범하지만 뻔뻔하고, 위험스럽지만, 확신을 하는 성서로 되돌아가는 훈련을 통해 개척자들의 성서 읽기의 전통을 재현하고 있습니다.

이 책에 소개되는 강좌들의 첫 발표는 다양한 세대들에게 널리 알려졌습니다. 어떤 것들은 한번 이상, 다른 형태로 소개되었습니다. 이 책에서 저는 독자들에게 분명한 현대적 적용을 할 수 있도록 하는 가운데, 원문에서의 수정은 최소화했습니다.

그리스도의 평화가 선포의 주제가 되어야 한다는 사실은 신적이고 인간적 계시 간의, 영적 그리고 사회적 복음 간의, 정신과 육체 간의, 내적이고 외적 화해 간의 구분을 지으려는 기독교적인 끊임없는 집착과 대조를 이루고 있습니다. 그러한 이원론적인 주제는 이 책에서는 노골적으로 다루어지지는 않지만, 지속적으로 암암리에 공격을 받을 것입니다. 이와 관련해서 신학자가 양쪽 진영에 대해 동등한 지적 균형을 유지해야 할 의무가 있다고 말하는 것은 적절하지 않습니다. 도리어 예수께서 그러한 양분된 자리 가운데 우뚝 서 계셔야 하며, 그 제자들 또한 그렇게 하도록 위임하신다고 보는 편이 타당할 것입니다.

그런 점에서 무엇보다 평화를 선포하신 예수님으로부터 이 책의 제목이 붙여졌습니다. 그분의 영광과 그분의 연약함이 이원화된 것들을 무색하게 합니다. 그 영광과 그 초월성의 힘이야말로 이 보잘것없는 책이 바쳐져야 하며, 의탁해야 할 바입니다.

존 H. 요더
엘크하르트, 인디아나

1장 전쟁의 소문 무성한 세상에서 평화의 길

I. 그리스도의 초상화

예수를 따르려는 과정에서 초대 그리스도인들과 신약성서의 저자들은 이사야 선지자의 책으로부터 그리스도께서 무고하게 고통당하시는 모습을 재빠르게 간파했습니다. 그들은 거기서 다음과 같은 대목을 읽었습니다:

그는 실로 우리의 질고를 지고 우리의 슬픔을 당하였거늘 우리는 생각하기를 그는 징벌을 받아서 하나님에게 맞으며 고난을 당한다 하였노라. 그가 찔림은 우리의 허물을 인함이요 그가 상함은 우리의 죄악을 인함이라 그가 징계를 받음으로 우리가 평화를 누리고 그가 채찍에 맞음으로 우리가 나음을 입었도다. 우리는 다 양 같아서 그릇 행하여 각기 제 길로 갔거늘 여호와께서는 우리 무리의 죄악을 그에게 담당시키셨도다. 그가 곤욕을 당하여 괴로울 때에도 그 입을 열지 아니하였음이여 마치 도수장으로 끌려가는 어린 양과 털 깎는 자 앞에 잠잠한 양 같이 그 입을 열지 아니하였도다. 그가 곤욕과 심문을 당하고 끌려갔으니 그 세대 중에 누가 생각하기를 그가 산 자의 땅에서 끊어짐은 마땅히 형벌 받을 내 백성의 허물을 인함이라 하였으리오. 그는 강포를 행치 아니하였고 그 입에 궤사가 없었으나 그 무덤이 악인과 함께 되었으며 그 묘실이 부자와 함께 되었도다. 사53:4-9

모든 세대를 통해 이사야 선지자가 그분에 대해 "여호와의 종"이라고 했던 이 말씀들은 십자가에 달리신 주님을 채색하는 초상화이기에 그리스도인들로부터 줄곧 사랑을 받아왔습니다. 그러나 신약성서 안에서 이사야의 이 말씀이 반향을 일으키는 이유는 그것이 단지 그리스도를 묘사하는 미사여구이거나 단순히 죄악된 인류를 위한 그분의 희생 때문만이 아니었습니다. 그것은 바로 그리스도인도 그분과 마찬가지의 길로 부름 받았다는 사실을 드러내 주고 있기 때문입니다. 이에 우리는 다음과 같은 말씀을 읽게 됩니다:

죄가 있어 매를 맞고 참으면 무슨 칭찬이 있으리요 오직 선을 행함으로 고난을 받고 참으면 이는 하나님 앞에 아름다우니라. 이를 위하여 너희가 부르심을 입었으니 그리스도도 너희를 위하여 고난을 받으사 너희에게 본을 끼쳐 그 자취를 따라오게 하려 하셨느니라. 저는 죄를 범치 아니하시고 그 입에 궤사도 없으시며 벧전2:20-22

방금 제가 인용한 서신서 속의 베드로의 가르침 가운데 그리스도의 무고하며, 침묵 가운데 불평하지 않으며 고통받으시는 모습은 우리의 유익을 위한 그리스도의 행하심을 묘사하기 위함만이 아닙니다. 그것은 우리로 그분을 따르게 하기 위한 가르침으로서의 그리스도 본 되심에 대한 묘사입니다. 그리스도에 대한 이런 초상화는 우리 삶의 평범한 캔버스 위에도 또다시 칠해져야만 합니다. 주님은 누구든지 당신을 따르려거든 자기를 부인하고 그 십자가를 짊어져야 한다고 말씀하지 않으셨던가요? 그렇다면, 그리스도의 십자가를 짊어진다는 것은 도대체 어떤 의미일까요?

우리의 십자가는 무엇인가?

우리는 이 세상에서 우리 자신의 잘못으로 말미암아 야기된 고통을 만나게 됩니다. 그것은 우리 자신의 부주의함이나 우리의 악의에 대한 벌로서 우리에게 주어진 것들입니다. 이러한 식의 고통을 가리켜 "십자가를 짊어짐"이라 말할 수는 없습니다. 베드로가 기록하듯, 잘못함으로 인해 벌을 받는 것은 아무 유익이 없습니다. "죄가 있어 매를 맞고 참으면 무슨 칭찬이 있으리오?"

또한, 우리는 종종 우리가 이해할 수 없는 고통을 받기도 합니다. 예상치 못한, 설명할 수 없는 질병이나 재난 등과 같이 말입니다. 그리스도인들은 하나님의 임재하심을 신뢰하는 가운데 그러한 고통을 감내할 수 있습니다. 그뿐만 아니라 그러한 가운데 더욱더 전적으로 기쁨 가운데 그분을 의지할 수 있게 됩니다. 그러나 이런 고통 역시 예수께서 당신의 제자들이 감당해야 했던 고통을 예언하시며 말씀하셨던 바와는 거리가 있습니다.

그리스도의 십자가는 반역하는 세상의 중심에서 예수께서 하나님께 순종함으로 주어졌던 대가였습니다. 그것은 바르게 행함으로서의 고통이었습니다. 그것은 다른 이들이 증오하던 곳에서 사랑했기 때문에 주어진 고통이었습니다. 그것은 덜 용서하며 덜 의로웠던 인간들 가운데

성육신하심으로 하나님의 용서와 의로우심을 드러내셨기 때문에 주어
진 고통이었습니다. 그리스도의 십자가는 선으로 악을 이기는 하나님의
방법이었습니다.

그리스도인의 십자가도 이와 다르지 않습니다. 그것은 증오가 지배
하는 세상에서 모든 사람을 향한 하나님의 사랑에 순종하는 자가 치러
야 할 대가입니다. 그런 친구나 적을 향해 한결같은 불굴의 사랑은 세상
이 그분께 그랬던 것처럼, 우리를 향한 적대감과 고통으로 돌아옵니다.

예수께서는 그 제자들에게 악에 저항하지 말라고 단순하고도 명확하
게 가르치셨습니다.

나는 너희에게 이르노니 악한 자를 대적지 말라 누구든지 네 오른편
뺨을 치거든 왼편도 돌려대며 또 너를 송사하여 속옷을 가지고자 하는
자에게 겉옷까지도 가지게 하며 또 누구든지 너로 억지로 오리를 가게
하거든 그 사람과 십리를 동행하고 네게 구하는 자에게 주며 네게 꾸
고자 하는 자에게 거절하지 마라. 또 네 이웃을 사랑하고 네 원수를 미
워하라 하였다는 것을 너희가 들었으나 나는 너희에게 이르노니 너희
원수를 사랑하며 너희를 핍박하는 자를 위하여 기도하라. 이같이 한즉
하늘에 계신 너희 아버지의 아들이 되리니 이는 하나님이 그 해를 악
인과 선인에게 비취게 하시며 비를 의로운 자와 불의한 자에게 내리우
심이니라 마5:39-45

이같이 말씀하심에 있어서 예수께서는 더 나은 세상을 위한 헛된 희
망이나 길게 늘여놓는 어리석은 공상가가 아니셨습니다. 만일 매 순간
모든 것이 잘될 것이라면서 항상 미소를 짓는다면, 적들은 친구가 되고,

모든 희생은 보답 받게 될 것이라는 순진한 생각을 하듯 말입니다. 예수 께서는 제한 없는 사랑의 대가를 온전히 알고 계셨습니다. 그분은 먼저 당신 자신과 당신을 따르는 자들에게 임할 고통이 무엇인지 명확히 내 다보고 계셨습니다. 그러나 그분에게는 다른 차선은 없었습니다. 하나 님을 하나님답게 드러낼 다른 길을 없었습니다. 본문에 언급된 예수의 가르침은 선한 인간의 사상들의 모음이 아닙니다. 그것은 하나님의 법 에 대한 그분의 신적 권위를 담은 해석입니다.

우리 자신의 갈등에 직면하여

지난 수십 년간 세상은 사랑함에서 더는 자라나지 못했습니다. 그 형 을 죽였던 가인의 예는 그것이 가정 안이건 세상 나라들 안에서건 갈등 을 다루는 근본 패턴을 형성하고 있습니다. 나라들 가운데 그 나라가 종 교적인가 그렇지 않은가는 거기서 그다지 큰 변수가 되지 못합니다. 그 들 가운데, 심지어는 그리스도인들의 교회 내에서조차 얼마나 소수의 사람이 현대의 전투태세를 갖춘 세상에서 오직 그리스도만을 따르며, 세상의 존경받는 왕이나 전사가 아닌, 고통받는 하나님의 종 안에서 그 들 삶의 모델을 찾으며 살아갈까요?

"그가 우리를 위하여 목숨을 버리셨으니 우리가 이로써 사랑을 알고 우리도 형제들을 위하여 목숨을 버리는 것이 마땅하니라"요일3:16라고 사도들이 말한 바처럼, 평화의 왕께 충성하는 그리스도인이라면 현대의 자민족주의적 세상에서 한발 물러설 것입니다. 왜냐하면, 그들은 기꺼 이 그들 조국의 친구들을 사랑하는 동시에 그들 조국의 적들을 미워하 지 않을 것이기 때문입니다. 그것은 그들이 반평화적 세상에 반대함으 로 전쟁이 종식되리라고 생각하는 비현실적 몽상가들이라는 의미가 결코 아닙니다. 오히려 하나의 전쟁을 더 치름으로 자신이 전쟁을 종식할 수 있다고 생각하는 군인들이야말로 비현실적인 몽상가들입니다. 평화의 왕을 따르는 이들 그리스도인들은 그들이 생명과 재산을 조직적으로 파괴하는 일에 가담하지 않는 편을 택함으로 그들이 복잡하며 갈등이 많은 현대의 삶에 참여하지 않을 수 있다고 생각지도 않습니다. 또한, 그들은 현대 과학자들의 사악한 재능으로 만들어진 무기가 갖는 거짓된 위엄에 대해서 결코 두려움으로 반응하지도 않습니다.

이들 그리스도인의 원수 사랑은 그들의 원수가 훌륭한 사람들이기 때문에 사랑하는 것이 아닙니다. 그들의 사랑으로 원수를 정복할 수 있다고 생각해서도 아닙니다. 그들이 혹 자신의 조국과 그 통치자를 존중하지 않아서도 아닙니다. 그들이 자신의 가까운 이웃의 안전에 대해 무관심하기 때문이 아닙니다. 그들이 다른 정치적 혹은 경제적 체제를 더 선호하기 때문도 아닙니다.

그리스도인들이 그 원수를 사랑하는 것은 하나님께서 그렇게 하셨기 때문이고, 또한 그 따르는 자들에게도 그렇게 행하도록 명하셨기 때문입니다. 그것이 유일한 이유이며, 그것만으로 원수사랑의 이유는 충분합니다. 예수 그리스도 안에서 당신을 알리신 우리 하나님은 화해하시며, 용서하시며, 고통받으시는 하나님이십니다. 바울 사도의 말을 지금의 문맥에 맞춰 표현한다면 다음과 같을 것입니다. "이제는 내가 사랑하는 것이 아니요, 오직 내 안에 그리스도께서 사랑하시는 것이라 갈 2:20. 이에 내 삶은 그러한 계시의 징표를 짊어지고 가야만 한다네."

우리에겐 그 어떤 적도 없다

어떤 정치적 이론이나 국가, 특정한 권리의 옹호, 혹은 나 개인의 복지 등과 같이 나 자신이 하나님이 아닌 다른 무엇에 더 헌신 되어 있지 않은 한, 하나님의 형상으로 지음 받은 그 누구도, 또한 그리스도께서 대신 죽임당하신 그 누구도, 내가 감히 그 삶을 위협하며 취하려 하는 원수가 될 수는 없습니다. 그 하나님은 당신의 예언자들을 통해, 그 아들을 통해, 그의 교회를 통해 이 세상에 사랑으로 침투하셨기 때문입니다.

기독교 교회사에서 가장 이해하기 어려운 것 중의 하나는 설교자들이나 시민이 자신들의 계급이나, 인종, 국가의 이기적인 이익을 위해 그리스도의 이름을 붙이는 일을 재촉한 데 있습니다. 그들은 이러한 작업을 통해 복종에 대한 거룩한 동기를, 심지어는 파괴에 대한 거룩한 동기를 부여했습니다. 바로 그 주님께서는 생명을 살리고, 더 풍성한 삶을 주시려고 오셨는데도 말입니다.

주먹질로부터 시작해서 노동투쟁에 이르기까지, 혹은 가정폭력에서 시작해서 국제 공산주의에 이르기까지, 그 어떤 유형의 갈등이든 간에 그리스도인은 세상과 그 전쟁을 십자가의 관점에서 바라봅니다. "곧 우리가 원수 되었을 때에 그의 아들의 죽으심으로 말미암아 하나님과 화목하게 되었은즉" 롬5:10

그리스도인들에겐 다른 선택권은 없습니다. 십자가가 하나님의 방식이라면, 하나님의 원수를 다루는 하나님의 전략이 사랑하는 것이며 하나님 자신을 그들에게 내어주는 것이라면, 마찬가지로 그것은 우리의 방식이자 전략이 되어야만 할 것입니다.

II. 그리스도인의 국적

내가 바위에서 그들을 보며 작은 산에서 그들을 바라보니 이 백성은
홀로 살 것이라. 그를 여러 민족 중의 하나로 여기지 않으리로다"민
23:9

너희는 택하신 족속이요 왕 같은 제사장들이요 거룩한 나라요 그의 소
유가 된 백성이니벧전2:9

사람들은 언제나 단체나 조직의 이상에 대해 많은 충성심과 애착이
있으며 이를 위해 기꺼이 자기 자신을 희생하려 합니다. 그러한 충성심
은 가족이나 학교, 스포츠 동호회나 회사에 대한 것이 될 수 있을 것입
니다. 그러나 우리 시대의 대부분 사람이 가진 압도적인 충성심은 국가
에 대한 것입니다. 오랜 전통을 가진 유럽이나 북미, 혹은 근래에 독립
을 이룬 나라거나, 여전히 이를 목표로 투쟁 중인 나라들이건 간에, 젊
은이들이 그들의 열정을 쏟아붓는 곳은 다름 아닌 그들의 조국입니다.
조국을 위해 젊은이들은 제 목숨을 바칩니다. 조국을 위해 필요하다면
그들은 전쟁을 통해 살해와 파괴를 서슴지 않을 것입니다.
　그리스도께서는 그리스도인과 국가에 대한 충성심에 대해 어떻게 말
씀하실까요? 오랜 세기 동안, 그리스도인이라 자칭하는 많은 사람은 자
신들의 신앙이 더 충성스러운 시민이 되게 했을 뿐만 아니라 더욱 용맹
한 군인이 되게 했다고 믿고 있습니다. 즉 하나님께서 그들로 이웃을 사
랑하는 것만이 아니라, 그들의 적을 증오하고 파멸시키도록 도우셨다는
것입니다. 로마의 콘스탄틴 황제가 교회와의 관계를 돈독히 한 이후, 사

제들과 설교자들은 왕들을 세우고, 군대를 축복하며, 그들의 적대국의 패배를 위해 기도해왔습니다. 이 모든 것을 평화의 왕이신 분의 이름으로 말입니다. 대부분의 신학과 교파들은 어떻게 이렇게 되어야만 했는지를 설명해 왔습니다. 현대의 성직자들은 나라의 명령만 있다면 그리스도인들도 수소폭탄이나, 심지어는 독가스 혹은 세균전 등을 다른 인류에게 사용할 수 있노라 주장하는 것을 볼 수 있습니다. 그렇다면, 복음은 이에 대해 무엇이라 말하고 있을까요?

"모든 나라에서"

성서는 나라들에 대해 무지하지 않습니다. 선교사 바울은 여러 철학자 앞에서 "인류의 모든 족속을 한 혈통으로 만드사 온 땅에 살게 하시고 그들의 연대를 정하시며 거주의 경계를 한정"하신 창조주 하나님에 대해 전한 바 있습니다.행17:26. 하지만, 우리가 읽는 성서에서의 "나라들"의 의미하는 바는 모든 족속과 방언, 백성과 나라들로부터 각 개개인이 하나님의 백성으로서 구원받아왔다는 것을 강조하는 데 있습니다.

베드로는 교회를 향해 "너희는 택하신 족속이요 왕 같은 제사장들이요 거룩한 나라요 그의 소유가 된 백성이니"라고 말한 바 있습니다. 그리스도인이 우선하여 속하게 되는 나라는 "하나님의 소유된 백성" 됨에, 성도들의 교제에, 예수 그리스도의 교회 됨에 있습니다. 이런 "하나님의 특별한 소유된 백성"은 공통된 언어나 영토, 혹은 정부에 의해서가 아닌, 하나이시며 같으신 하나님의 부르심과 그에 대한 일치된 반응으로 연합을 이루는 것입니다. 곧 하나님과 남녀 모두가 서로 화해하는 것입니다. 따라서 이런 연합은 대나무가 됐건, 철이 됐건 그 모든 장벽을 허물고 그 모든 장막을 찢을 것입니다.2) 이에 사도 바울은 그리스도 안에서 하나님께서 "헬라인이나 유대인이나…. 야만인이나 스구디아인이나 종이나 자유인" 모두를 함께 하게 하셨다고 말하는 것입니다. 오늘날로 친다면, 하나님께서 "백인이나 흑인, 러시아인이나 미국인, 노동자나 경영자" 모두를 함께 하게 함과 같습니다.

이러한 하나님의 백성으로서의 새로운 나라야말로 그리스도인의 최우선적인 충성심이 드러나야 할 자리입니다. 그 어떤 정치적인 나라나 태생적으로 거주하게 된 그 어떤 지리적인 모국homeland도 거듭나므로 얻게 된 그리스도인의 천국 시민권을 우선할 수는 없습니다.

천국의 시민, 거듭남, 하나님의 백성 등과 같은 경건한 용어들은 결코 새로운 것이 아닙니다. 오히려 이러한 용어들은 너무도 익숙하고 진부한 나머지 오직 소수 그리스도인만이 이들 용어가 갖는 참된 의미에 대해 진지하게 생각하게 합니다. 자, 그렇다면 그 진정한 의미는 무엇일까요?

모든 나라의 형제들과 자매들

무엇보다 하나님께서는 각기 다른 나라나 적대적인 나라에 속한 그리스도인이라 할지라도, 그리스도인이라면 서로 서로에게 귀속된 같은 운명을 가진 공통된 부분이 훨씬 더 많아서 비기독교 시민이 하는 것보다 더 많이 서로 돌볼 수 있어야 한다는 충성심을 요청하십니다. 그리스도인들은 아무런 이유없이 서로 "형제" 혹은 "자매"라 부르는 것이 아닙니다. 어떻게 그리스도인들이 자신들 조국의 국위와 점유물을 위한 명목으로 그저 다른 국기 아래 태어났다는 이유로 적이 된 자신들의 영적

---

2) 대나무와 철의 비유는 각각 "죽의 장막"과 "철의 장막"을 가리키는 것으로 중국과 서방세계 사이에 있던 정치적 장벽과, 동구 공산권과 서방세계 사이의 정치적 장벽을 의미한다.

인 형제와 자매를 죽일 수 있단 말입니까?

오늘날 분열에 대한 우려의 큰 물결이 기독교 교회를 휩쓸고 있습니다. 교리의 차이와 교파적인 장벽들은 주님과 그 아버지 되신 하나님이 하나이듯 그를 따르는 이들 또한 하나가 되어야 한다는 주님의 뜻에 대한 모독으로 감지되고 있습니다. 기독교 지도자들은 교리를 위해 힘쓰며 함께 예배를 드리려고 상당한 노력을 기울이고 있습니다. 그러나 같은 아버지의 자녀가, 같은 주님의 제자들이 그들 세속 지도자들의 말에 의해 서로 향해 총구를 들이댄다면 그것이야말로 그리스도인의 하나 됨에 대한 파렴치한 배반행위가 되지 않겠습니까?

보편적 교회에 대한 믿음을 고백한다는 것은 우리 안에 촘촘히 경계를 세워 마음을 지키겠다는 식으로는 결코 하나님의 모든 뜻을 헤아릴 수 없음을 의미합니다. 가령, 사도 바울이 그의 독자들에게 그들의 권력자들에게 복종하라고 가르쳤던 것롬13:1에 근거하여 많은 그리스도인이 그렇게 적용하는 것처럼, 이것은 오직 우리와 우리 정부에만 해당하는 가르침이라고 결론지을 수는 없습니다. 바울이 이처럼 쓴 것은 이방인 로마의 통치에 대한 것이었습니다. 그는 결코 자유를 사랑하는 사람들은 민주주의 정부만을 사랑해야 한다고 말하지 않았습니다. 대신 그는 "모든 영혼"은 위에 있는 권세들에 복종할 것을 주문했습니다. 즉 이러한 말씀이 북미의 그리스도인들에 대한 의무로 적용되는 가르침이 된다면, 똑같이 이는 또한 중국, 프랑스, 폴란드, 혹은 인디아에 사는 그리스도인들의 의무로서도 적용되는 것입니다.

우리가 속한 정부들에게는 특정한 적대세력의 존재를 인정해 주기를 거부할만한, 심지어는 그들의 파멸을 바랄만한 근거들이 있을 것입니다. 어떤 그리스도인들은 그들의 정부가 실행하는 것보다 훨씬 더 적대적인 국가정책을 지지하는 것으로 득을 보려 하고 있습니다. 어떤 이들은 그리스도인이 파시스트나 공산주의 정부 아래서 반항하지 않는 것은 불가능하다고 생각합니다.

그러나 바로 이러한 태도는 교회의 보편성에 대한 그들의 이해가 부족함을 인정하는 셈입니다. 교회는 대부분 역사를 통해 비그리스도인들뿐 아니라 전제주의적인 정부들 아래에서도 번성해 왔지만, 이러한 교회의 보편성에 대한 인식이 모자란 이들이 한 나라의 영적 후원자가 될 때 침체를 맞기도 했습니다.

궁극적인 가치들

끝으로, 그리스도인들의 충성심의 우선권은 우리가 이해하는 궁극적 가치에 의해 드러날 것입니다. 많은 근엄한 사람들은 인류 역사에서 진정 중요한 것은 물질적 풍요를 창출하며 분배함으로 인권을 보장하는 제도기관을 만드는 있다고 생각합니다. 이것은 바로 우리가 역사 서적들을 통해 읽는 바입니다. 실제로 이러한 일들을 중요합니다. 그리고 보편적으로 그리스도인들은 이러한 일들을 이루는 데 있어 많은 이바지를 하고 있습니다. 그러나 하나님께서 계속 인류에게 시간을 허락하시는 가장 중요한 이유는 당신의 사람들을 함께 복음의 증인으로 부르시는 데 있습니다. 하나님의 목적은 건물이나 더 크고 더 좋은 민주주의를 보호하는 일이 아닌 교회를 세우는 데 있습니다. 다시 말해, 우리가 지금 여기에 있는 이유는 공산주의의 패배나 빈곤의 종식을 위함이 아닌, 당신의 나라를 선포하며, 모든 남녀가 하나의 새로운 몸으로 용접하듯 이어지는 데 있는 것입니다.

왕들과 제국들은 지난 시간 속에서 새롭게 나타나기도 했고 사라지

기도 했습니다. 이런 일은 주님께서 다시 오시는 날까지 계속 될 것입니다. 그리스도인들에게 어떤 정권의 이익을 추구하는 일은, 비록 그것이 평화롭고 자유를 사랑하는 민주주의의 안보와 권력에 대한 것이라 할지라도, 그것은 세상의 다른 형제와 자매들의 삶과 안전을 대가로 진행되는 것입니다. 그것은 제아무리 애국심에 가득 찬 설교자나 시인에 의해 칭송을 받는 일이라 해도, 결국 이기적이며 우상숭배적인 일이 됩니다.

그 믿음을 시험하시기 위해 "하나님이 계획하시고 지으실 터가 있는 성"히11:10에 대한 충성심으로 모든 것을 포기하라는 하나님의 부르심은 결코 아브라함의 시대에만 국한되어 있지 않습니다. 민족주의가 수백만을 위한 종교가 되어 있는 오늘날이야말로 그리스도인 됨의 참된 깊이와 현실은 지상의 충성심과 영원한 충성심의 양자 사이에서 하나를 선택하는 시험으로 드러날 것입니다.

무엇이 우리의 충성allegiance 일까요? "모든 나라로부터 세움 받으면서 동시에 모든 땅 위에 하나인 사람들에 대해서입니다. 그런 우리의 국적은 바로 그리스도인입니다."

III. 하나님에 의해 무장해제됨

너희 중에 싸움이 어디로, 다툼이 어디로 좇아 나느뇨 너희 지체 중에서 싸우는 정욕으로 좇아 난 것이 아니냐. 너희가 욕심을 내어도 얻지 못하고 살인하며 시기하여도 능히 취하지 못하나니 너희가 다투고 싸우도다 너희가 얻지 못함은 구하지 아니함이요 약4:1-2

야고보 사도의 이 말씀은 결코 닳아 없어지지 않았습니다. 소그룹 내에서나 나라들 사이에서 갈등이 있을 때, 우리는 고상한 원리들로 품위 있게 이러한 충돌에 대처하려 합니다. 우리는 민주주의와 인권, 대의와 숭고한 목표 등을 들먹이며 신의와 명예를 말할 것입니다. 그러나 야고보 사도는 속지 않았습니다. "너희 중에 싸움이 어디로냐…. 너희의 몸의 정욕에서 난 것이 아니냐…? 너희가 시기하는도다"

야고보는 우리가 인정하려는 것보다 훨씬 깊이 있게 문제를 바라보고 있습니다. 어떤 이들때론 일군의 사람들이 되기도 하며, 드물게는 한 국가 자체 되기도 하겠지만은 사심 없는 목적을 추구하겠지만, 이런 경우는 극히 드물고, 오래가지도 않습니다. 만일 숭고하며 사심없는 대의가 지속적으로 한 집단의 실행 지침으로서 공언되고 있다면, 우리 가운데 가장 잘 속아 넘어가는 사람조차도 그 배후에 있는 다른 명분이 있지 않은가 확인하려들 것입니다. 가령 국제 문제에서 한 나라는 그들이 평상시 하던 말처럼, 가난한 이들을 압제로부터 해방하고자 하는데 관심을 보일 것입니다. 그러나 그들이 실제로 관심이 있는 것은 설탕의 가격, 일부 광산이나 항만의 사용, 그들의 정치권력의 강화 등 입니다. 노동과 경영에서도, 양측이 서로 국가 경제에 대한 공익을 말할 것이지만, 실제적인 바램은 다른 모든 사람에게 지급되는 가격의 상승을 대가로 당장 자기편의 이익을 챙기려는데 있습니다. 이웃 간이나 가정 간의 의견 불일치에서도, 우리는 정직함이나 예의와 같은 심각한 도덕적 원리들이 위험한 상태에 있노라며 재빨리 말하겠지만, 이 역시 우리 자신의 자존심이 그 배후에 있는 것입니다.

원인을 이해하기

만일 우리가 갈등과 다툼의 진정한 뿌리를 이해한다면, 이는 우리에게 몇 가지 사실을 설명해 줄 것입니다. 무엇보다 먼저, 왜 그리스도인들이 평화의 자녀이며, 또 그래야만 하는가를 설명해 줍니다. 그리스도인은 단순히 교회에 출석하거나, 어떤 가르침들을 받아들이거나, 어떤 특정한 느낌이 들거나, 어떠한 도덕적 기준에 의해 살기를 약속하는 사람을 의미하지 않습니다. 물론 그러한 모습들은 전체 그림의 일부이긴 할 것입니다. 진정한 그리스도인은 예수님의 말씀에서처럼, "거듭난 자"입니다. 그는 곧 하나님의 권능에 의해 새롭게 삶을 시작한 새 사람을 의미합니다. 이전까지 갈등과 다툼이 지극히 정상적이며 그 삶의 본능으로 주어진 것이었다면, 이제 그 사람은 그것으로부터 무장해제 됩니다. 원한과 다툼의 샘은 이제 막혔습니다. 비통함의 앙상한 관목들은 이제 그루터기만을 남겨놓고 잘렸습니다. 물론 언제라도 이런 갈등은 다시 자라날 수 있습니다만, 믿는 자들은 다른 신앙의 유혹들을 다룰 때와 마찬가지로 회개, 고백, 영적 승리 등을 통해 이에 대처하는 법을 알고 있습니다.

따라서 그리스도인이 세상 싸움들을 넘어선 삶을 살도록 부름 받은 이유는 십계명 가운데 하나가 우리로 죽이지 말라고 명한다거나, 우리에게 새 계명을 주신 예수께서 이웃을 사랑하라 하셨기 때문이 아닙니다. 그리스도인은 하나님에 의해 무장해제 되었습니다. 매일의 작은 교제권에서 시작해서 원수에게 이르기까지 내 이웃을 사랑하려면 사실 어떤 명령도 필요하지 않습니다. 믿는 자들은 그 안에 계신 그리스도의 사랑 때문에 이웃 사랑으로 이끌림을 받습니다.

이기적인 욕망이 갈등의 뿌리라는 사실은 왜 우리가 모든 나라와 사회들로부터 평화로운 세상을 기대할 수 없는지를 설명해 줍니다. 그리스도인의 행동은 신앙에서 흘러나옵니다. 우리는 이것을 모든 나라에 강요할 수는 없습니다. 많은 사람이 그 양심에 따라 무기를 소지하지 않는 그리스도인들에 대해 들을 때, 그들은 이런 입장이 한 국가가 따라야 할 본으로서는 비현실적이라고 반박할 것입니다.

이것은 참으로 기괴한 논쟁입니다. 다른 영역에서의 도덕적 순결과 거룩함에 대한 기독교적 가르침과 관련, 우리는 우리 자신이 그리스도를 따르기 전부터 세상이 우리를 이미 따를 준비가 되어 있어 주기를 바라진 않습니다. 우리는 그리스도께 부름 받는다는 것이 세상과 다른 존재가 됨을 분명히 알고 있습니다.

그렇다면, 국가들이 그들의 무기를 내려놓을 준비가 되었느냐에 의해 우리의 무장해제된 삶의 여부를 결정하려는 것에 대한 바른 답은 무엇일까요? 예수님께서는 사람들의 믿음이 차갑고, 도덕적으로 해이해진다고 예언하신 것처럼, 이 세상이 지속하는 한 전쟁은 계속될 것이라 하셨습니다. 그러나 절도와 쓰레기의 범람이 그리스도인이 따라야 할 본이 될 수 없는 것처럼, 이런 현실이 결코 그리스도인들이 세상의 방법을 따라야 할 이유는 될 수 없습니다.

지도자들을 위한 기도

우리가 세상 나라들이 고통과 제자도의 길로 나아가 주기를 별반 기대하지 않는다고 말할 때, 이것은 세상 나라들의 평화를 열망하거나 이를 위해 일하는 것을 그리스도인들이 잘못이라 여김을 의미하지 않습니다. 사도 바울은 우리에게 평화로운 삶으로 인도해 줄 지도자들과 위정자들을 위해 기도하라고 명확하게 지침을 주고 있습니다. 하나님의 뜻은 우리가 평화롭고 경건한 삶을 살아가는 데 있습니다. 하나님 앞에 선 정부의 의무는 이러한 삶을 허락하는 데 있습니다. 따라서 우리는 세속의 무기를 신뢰하는 어리석은 행동들에 대해, 군사조직이 민주주의적 정부의 기반을 약화하게 하는 것에 대해, 방사능 오염의 위험과 교전국이 전 세계 다른 국가들에 영향을 미치는 "우발적 전쟁"에 대해, 무엇보다도 흉측한 비도덕적인 무기들이 고안되고 있는 것에 대해 기도할 수 있어야 하며, 기도해야만 할 뿐 아니라 이에 대해 증언을 해야만 합니다.

갈수록 더욱더 많은 우리의 이웃들이 군사주의의 위협을 불편해하는 상황에서, 몇몇 단호한 그리스도인들의 모범과 [군사주의에 대한] 거부는 누군가 먼저 용기 있게 나서서 말해주며 고통을 감수해 주기를 기다리던 지성인 시민집단을 결집하는 일종의 경종이 될 수 있습니다. 그러나 그리스도인은 지성인 시민집단이 결집한다는 기대감 때문에 전쟁에 대해 포기를 선포하는 것이 아닙니다. 사실 시민집단은 대개 결집하지 못합니다. 오직 믿는 자들은 메시아의 무저항적인 죽음이 세상을 이기는 신앙의 승리를 내내 보여줘 왔기 때문에 그러한 자리에 기꺼이 서는 것입니다.

그러나 잠시 생각해 봅시다. 이것이 전부일까요? 결국, 자유와 압제 사이에는 도덕적 차이도 존재하지 않는다는 말입니까? 우리의 문명을 보전하기 위해 돌보며, 심지어는 희생하는 일이 우리의 의무이지 않을까요? 나라를 위한다는 모든 희생이 "이기적인 욕망"으로 설명될 수는 없지 않습니까? 우리는 사회적 책임이 있지 않나요? 하나님에 의해 무장해제된 그리스도인은 이에 대해 여러 할 말들이 있을 것입니다만, 결국 하나의 질문으로 모일 것입니다. 예수님 또한 이와 똑같은 문제에 직면하시지 않았던가요? 여러분이나 저와 마찬가지로 인간이셨던 그분 역시 억압으로 말미암은 희생자들을 염려하지 않으셨을까요? 수천 명의 군중이 그분을 왕으로 삼으려 했을 때 주님께도 그 앞에 정치적인 책임을 위한 길이 열려 있지 않았던가요? 주님 또한 나라들 가운데 의인들을 세우고, 정의가 모든 이들에게 흘러나가는 중심지로서의 시온을 만듦으로 하나님께 영광을 돌리는 일이야말로 예언적으로 선포하신 하나님의 뜻이라고 믿지 않으셨을까요?

가장 위대한 모범

하나님께서 우리 각 사람으로 어떠한 존재가 되기를 원하시는가를 볼 수 있도록 해 줄 사람의 아들the Son of Man은 이 모든 것에도 불구하고 잃어버린 자를 찾고 구원하려면 당신의 길이 권력의 길이 아닌 겸손의 길이 되어야만 한다는 확신 가운데 절대 빗나가지 않으셨습니다. 다시 말해 그것은 정의를 강요하는 길이 아닌 성육신으로 드러난 사랑의 길이었습니다. 베드로가 기록하듯 주님께서는 "오직 공의로 심판하시는 이에게 부탁"하셨습니다.벧전2:23 그러나 주님의 뒤를 따라 무장해제된 순교자의 행렬이 내내 이어지게 한 이 무방비한defenseless 분의 사역은 전쟁 무기들을 가지고 무신론자들로부터 하나님의 백성을 지켜내겠다는 호전성을 가진 이들보다 실제로 더 많은 폭군을 몰아내고, 인권을 지켜내지 않았던가요?

사도 바울이 "우리의 싸우는 무기는 육신에 속한 것이 아니요." 혹은 "세상에 속한 것이 아니요."고후10:4라고 말했을 때, 우리 대부분은 "육신에 속한 것"의 수준에 젖어, 바울이 "육신이 아닌 영적인 것" 혹은 "이 세상이 아닌 다른 세상"의 것을 말하는 것으로 생각하기 쉽습니다. 그러나 바울은 "육신에 속한 것이 아닌, 하나님의 능력"을 말합니다. 이 능력은 우리를 다스리시는 주님의 "전능하신 온유함"입니다. 결국, 하나님께서 무장해제 하심으로 그리스도인이 그 육적인 무기들을 내려놓는 것은 그것들이 너무 강하기 때문이 아닌, 그것들이 가진 약함 때문입니다. 그리스도인은 세상의 군왕이나 재상이 아닌 모든 피조물이 찬송과 존귀와 영광과 힘을 받기에 합당하신 죽임 당하신 어린 양을 찬양하는 날을 향해 나아가는 자들입니다. 계5:12-13

이 설교문은 라디오 방송인 메노나이트 시간 *Mennonite Hour*(1968)에 세 차례에 걸쳐 처음 방송했고, 이후 소저너스(Sojourners)와 엘 디시풀로(El Discipulo)에 게재되었다.

2장 너희를 친구라 하였노니

"너희를 친구라 하였노니" 요15:15

이렇게 말씀하신 분은 그 후 24시간 후에 죽고 장사 됩니다. 그분은 그를 따르는 작은 무리가 이제 그분 없이도 살 수 있도록 준비 중이십니다. 그분은 그들 또한 앞으로 당신의 삶을 내어준 똑같은 갈등을 품고 고락을 같이하는 자가 될 것임을 경고하십니다.

내가 너희에게 종이 주인보다 더 크지 못하다 한 말을 기억하라 사람들이 나를 박해하였는즉 너희도 박해할 것이요 내 말을 지켰는즉 너희 말도 지킬 것이라. 그러나 사람들이 내 이름으로 말미암아 이 모든 일을 너희에게 하리니 이는 나를 보내신 이를 알지 못함이라 요15:20-21

즉 적대감의 근거는 "알지 못함"에 있습니다. 이는 단순한 무지나 정보의 결핍을 의미하지 않습니다. 이것은 인정함의 결여를 의미합니다. 그들은 예수를 보내신 분을 알아보지 못했습니다.

내가 와서 그들에게 말하지 아니하였더라면 죄가 없었으려니와 지금
은 그 죄를 핑계할 수 없느니라22절

여기서 "그들"은 누구를 가리킬까요? 본문에서는 그들의 이름이 무
엇인지 말해주지 않고 있습니다. 그들은 유대인의 이름도 로마인의 이
름도 갖지 않습니다. 예수께서 묘사하고 계신 거절한 이들의 범위는 그
보다 훨씬 넓습니다. 예수께서는 그것이 "세상"에서 왔다고 말씀하십니
다.

너희가 세상에 속하였으면 세상이 자기의 것을 사랑할 것이나 너희는
세상에 속한 자가 아니요 도리어 내가 너희를 세상에서 택하였기 때문
에 세상이 너희를 미워하느니라19절

그렇다면, 그 증오함이 예측되는 "세상"이란 무엇을 의미할까요? 그
것은 지구를 의미하지 않습니다. 그것은 하나님의 선한 창조세계를 의
미하지 않습니다. 그것은 돌과 강과 동물세계를 의미하지 않습니다. 그
것은 "모든 사람"을 의미하지도 않습니다.

그리스어로 cosmos에 해당하는 이 말의 가장 적절한 번역은 "시스
템"일 것입니다. 그것은 대상들이 네트워킹과 조직에서 서로 맞아떨어
지는 방식을 의미합니다. 그것은 하나님의 반항적인 창조세계의 방식,
즉 하나님을 거역하는 피조물이 악을 위해 손발을 맞추는 방식을 가리
킵니다. 인간 상호 간의 연대는 일면 선하지만, 그러한 연대가 민족주
의, 인종주의, 집단 이기주의가 될 때, 그것은 더는 선하지 않습니다. 인
간의 이성은 일면 선하지만, 그것이 살상을 위해 이용될 때, 그것은 더

는 선하지 않습니다.

하나님은 당신의 피조물들이 연대를 통해 조직화할 수 있게 하셨습니다. 우리가 악을 위해 그러한 능력을 사용할 때에도, 그것은 여전히 효력을 발휘합니다. 우리가 사는 세상의 문제는 단순히 고립된 개인의 무지나 고립된 악의의 문제가 아닙니다. 그것은 나와 당신이 죄인이며, 그녀가 죄인이며, 그들이 죄인이다는 식으로 각자의 죄가 더해지는 것과 같지 않습니다. 전체 세계는 부분의 총합보다 훨씬 악합니다.

이런 사실은 평화운동이 직면한 과제에 대해 가장 먼저 경각심을 불러일으켜 주는 진실이 됩니다. 예수님을 죽인 것은 세상이었습니다. 예수를 처형하는데 참여했던 사람들은 더 큰 세력의 단순한 도구에 불과합니다. 이에 대해 사도 바울을 다음과 같이 전합니다.

우리의 싸움은 혈과 육을 상대하는 것이 아니요 통치자들과 권세들과 이 어둠의 세상 주관자들과 하늘에 있는 악의 영들을 상대함이라6:12

모든 것은 함께 어우러져 있습니다. 아이젠하워 대통령이 "군사 산업 복합체"라 칭한 것은 실제의 그것보다 훨씬 더 복잡합니다. 그것은 단순히 미국 국방성과 제조업의 소유주들에 대한 것이 아닙니다. 그것은 단순히 은행들, 대학 연구자들, 노동 조직책, 정당 등만의 의미하지 않습니다. 그것은 우리 모두를 아우른 것을 의미합니다.

"평화의 도전"은 단순히 한 시스템의 다른 부분들이 잘 작동할 수 있도록 고치거나 조율하는 정도의 문제가 아닙니다. 실수만 없었다면 기존 문화에 적합했을 한두 가지를 교정하는 수준의 시도를 하려는 것이 아닙니다. 우리는 대표격이 되며, 원형이 되는 악을 다루는 것입니다.

만일 당신이 나무 한 조각을 자른다면, 당신은 "결"이라 불리는 선과 원형의 패턴을 발견할 것입니다. 여기서 결은 나무의 끝이 아닙니다. 그것은 통나무 전체를 걸쳐 새겨져 있습니다. 당신은 단지 나무가 잘려나간 자리에 노출된 그 맨 끝을 보는 것일 뿐입니다.

군비 경쟁도 이와 같습니다. 그것은 결을 드러낸 한 단면에 불과합니다. 여기서 그 결이란 내 동포만이 물려받은 도덕적 우월감과 내 동포를 위해 다른 민족의 안보를 희생시킬 권리를 전제한 맹목적 애국심입니다. 나무를 관통하는 결은 우리의 의지대로 다른 이들을 구부러뜨리는 강제력에 대한 신뢰입니다. 만일 우리가 원자폭탄 대신 석궁이나 새총으로 이웃에게 그와 같이 한들 그것이 결코 도덕적으로 낫지 못합니다.

하지만, 조직과 기술은 누구든 그 결을 볼 수 있도록 판을 배가시켰습니다. 누구든 악이 조직적systematic 이라는 것을 볼 수 있습니다. 이것이 바로 핵 동결과 같은 특정한 전략이 제아무리 좋은 정치적 첫 단추라 할지라도 왜 충분하지 못한가에 대한 이유가 됩니다. 19세기에도 [단순한 전략만으로] 노예를 수입하는 일을 멈추기에는 충분치 못했습니다.

여기서 우리가 피해야 할 실수는 어떤 특정한 악인에게 책임을 전가하는 일입니다. '시스템' 안에 있는 사람 대부분은 형편없는 이들이 아닙니다. 그들은 자신들의 아내나 자녀를 구타하지 않습니다. 물론 그들 가운데 몇몇은 흉악합니다. 몇몇은 이기적이거나 부패했으며, 폭리를 취하거나 모리배와 같습니다. 하지만, 대부분 그렇지 않습니다. 그들은 우리와 마찬가지로 상상력 혹은 용기가 부족한 이들입니다. 히틀러의 나치 정권을 이끌던 대부분 사람은 번듯한 사람들이었습니다. 그들은 자녀들에게 친절했고, 정리 정돈을 잘했습니다. 그들은 규칙을 따랐고, 성실히 일했습니다. 그들은 악당이기보다는 인질에 더 가까웠습니다.

우리가 피해야 할 두 번째 실수는 이런 모든 악에 대한 대응이 증오여야 한다는 생각입니다. 세상은 하나님과 예수님, 그리고 그 제자들을 싫어했지만, 하나님은 세상을 싫어하지 않으셨습니다. 그분은 세상을 사랑하십니다. 그것이 기꺼이 희생자로서 그의 아들을 보내주신 이유이기도 합니다. 그런 연관성 가운데 하나님의 목적을 기억할 때, 예수님과 우리 자신 사이에는 어떠한 간격도 없습니다. 예수님은 우리를 포함하여 당신의 원수를 사랑하셨습니다. 우리 또한 우리의 원수를 사랑해야 합니다. 예수님께서는 그 사랑의 대가로 당신의 삶을 치르셨습니다. 우리 또한 우리의 원수를 위해 생명까지는 아닐지라도, 우리가 가치있게 여기는 것들에 대해 기꺼이 위험을 감수할 수 있어야 합니다.

우리는 처음에 십자가의 정황이 본문에 그 의미를 부여한다는 사실을 주목했습니다. 예수께서는 기꺼이 당신 자신을 주시고자 존재하십니다. 그분은 자신이 보냄 받으셨다고 말씀하십니다. 그분의 존재하심은 자신을 위함이 아닙니다. 예수께서 행하신 바의 권위는 자신을 위함이 아닙니다. 그 자신을 내어주신 예수님의 자유로운 선택 뒤에 서 계신 분은 아버지 하나님이십니다. 예수님의 뜻은 그 아버지의 뜻이며, 예수님의 의도는 아버지의 그것과 같습니다. 복음의 하나님, 곧 예수께서 "아버지"라 부르시는 그 하나님은 평화주의자peacemaker이시며 화해자이십니다.

이러한 진리는 자명하지 않습니다. 기독교의 일각에서는 그것이 지지받지 못하며 오히려 부정되기까지 합니다. 또 다른 일각에서는 아버지는 엄격하시며, 그 아들은 온화하다 말합니다. 그들에게 아버지 하나님은 꾸짖는 심판관이시며, 그 아들은 우리에 대해 애원하는 열성적인 지지자, 심지어는 아버지의 진노 아래 있는 우리를 대신해 고통받으시는 분이 되십니다. 그들에게 아버지 하나님은 가부장적이지만, 예수님은 여성주의자이십니다.

그러한 관점을 고치는 일은 중요합니다. 그것은 우리 문화에 뿌리를 내리는 관점입니다. 그것은 일부 사람들의 죽음과 전쟁과 원수에 대한 관점들과 관계가 있습니다. 사도 바울은 그러한 오류에 대해 다음과 같이 바로잡아 주고 있습니다.

> 곧 하나님께서 그리스도 안에 계시사 세상을 자기와 화목하게 하시며 그들의 죄를 그들에게 돌리지 아니하시고 화목하게 하는 말씀을 우리에게 부탁하셨느니라고후5:19

진정 예수님은 우리를 위해 죽으셨습니다. 그러나 그것은 아버지의 노여움을 달래어 그 사랑을 얻기 위함이 아니었고, 아버지의 긍휼을 드러낸 결과로의 죽으심이었습니다. 예수님 자신도 말씀하시는 가운데 위에서 말한 오류를 물리치셨습니다.

> 오직 너희는 원수를 사랑하고 선대하며 아무것도 바라지 말고 꾸어주라 그리하면 너희 상이 클 것이요 또 지극히 높으신 이의 아들이 되리니 (저자 역 곧 하나님을 닮을 것이니) 그는 은혜를 모르는 자와 악한 자에게도 인자하시니라눅6:35

우리가 분명히 밝혀야 할 첫 번째 사항은 평화에 대한 그리스도인의 관심은 마음이 부드러운 이들에게나 선택으로 주어지는 취미 정도가 아니라는 사실입니다. 또한, 평화는 미 국방성이 전쟁 준비를 위해 시나리

오로 만든, 여전히 기술적인 추정의 정확성에서 이론의 여지가 있는 측
정물이 아닙니다.

유대인이건 그리스도인이건, 평화에 대한 관심은 모든 영원한 것에
대한 하나님 관심의 일부입니다. 하나님은 본성적으로 화해자이시며,
평화shalom의 창조자이십니다. 따라서 이 같은 하나님의 평화주의적인
목적에 우리가 참여하는 것은 단순히 도덕성에 대한 것이 아닙니다. 그
것은 단순히 정치가 아닙니다. 그것은 하나님에 대한 예배이며, 송축이
자 찬양입니다.

다른 사람의 뜻을 이루기를 원하는 사람에게는 하나 이상의 다양한
길들이 주어져 있습니다. 이에 대해 예수님께서는 두 가지 유형의 관계
들로 구분하십니다.

> 사람이 친구를 위하여 자기 목숨을 버리면 이보다 더 큰 사랑이 없나
> 니 너희는 내가 명하는 대로 행하면 곧 나의 친구라 이제부터는 너희
> 를 종이라 하지 아니하리니 종은 주인이 하는 것을 알지 못함이라 너
> 희를 친구라 하였노니 내가 내 아버지께 들은 것을 다 너희에게 알게
> 하였음이라 요15:13-15

제자들은 단순히 주어진 명령에 복종하지 않았습니다. 본문에 번역
된 '종'은 보다 문자적으로 직역하면 노예를 가리킵니다. 종종 이 용어
는 주인이신 하나님께 대한 순종을 묘사하는 데 사용되곤 했습니다만
본문에서는 노예란 주인의 뜻을 알지 못하는 자라는 의미에서 기존의
용례와는 차이가 있습니다. 그는 물론 자신에게 주어진 명령들을 알고
있으며, 거기에 순종하지만, 그는 결코 모든 계획을 알고 있지는 못합니

다. 그는 그가 순종함으로 하는 바가 합리적인지에 대해 전혀 알지 못합니다. 따라서 예수님께서 "너희를 친구라 하였노라"라고 말씀하신 것은, 이제부터는 제자들이 모든 것을 아는 내부자가 되는 것을 의미합니다. 우리는 우리가 참여하는 일의 배후에 있는 전투 계획을 알자는 것입니다.

사도 바울은 에베소교회에 보낸 편지에서 이와 비슷한 말을 한 바 있습니다. 곧 지난 세대를 통해 감추어 왔던 하나님의 신비가 사도들과 선지자들을 통해 드러난 바 되었다는 것입니다. 우리는 하나님의 계획 하심 아래 그런 자리에 있게 된 특권을 가진 것입니다. 우리는 우주라는 장기판의 졸과 같이 이리저리 끌려 다니는 존재가 아닌, 우리 자신이 스스로 그 장기를 실제로 두는 자입니다.

이에 우리는 처음 시작할 때 언급한 진술이 갖는 무게감을 더욱 잘 이해할 수 있습니다. 주님께서 "세상이 나를 박해하듯 너희도 박해할 것이다"라고 말씀하신 것처럼, 믿는 자들의 평화주의 사역은 갈등과 고통 가운데 그리스도의 사역을 연장해 나가는 것입니다. "내가 교회 일군 된 것은 하나님이 너희를 위하여 내게 주신 경륜을 따라 하나님의 말씀을 이루려 함이니라"골1:25

요한의 편지는 다음과 같이 기록하고 있습니다. "가인 같이 하지 말라 저는 악한 자에게 속하여 그 아우를 죽였으니…. 그가 우리를 위하여 목숨을 버리셨으니 우리가 이로써 사랑을 알고 우리도 형제들을 위하여 목숨을 버리는 것이 마땅하니라"요일3:12-16

현대의 스승들은 종종 예수께서 우리를 위해 무엇을 하셨는가와 우리가 그분을 위해 무엇을 해 드리는가를 나눔으로 구원과 순종을 구분 짓습니다. 그러한 구분은 실제적입니다. 그것은 어떤 면에서 종교적인 목적을 위해서는 적절한 조치입니다. 가령 질문이 우리가 우리 자신을 구원할 수 있느냐 라던가 하나님이 우리의 선행 대가로 빚지신 바 되었느냐는 식이 될 때에는 그러한 구분은 의미가 있을 것입니다. 하지만, 그것이 지금 우리의 질문은 아닙니다. 우리의 질문은 어떻게 우리가 평화주의자이신 하나님을 영화롭게 할 것인가에 있습니다. 어떻게 우리가 그분의 전투 계획에 동참한 친구로서, 하나님의 목적에 맞는 지성적인 참여자가 될 수 있을까요? 어떻게 우리는 공공연하게 그리고 책임감 있게 지구를 위한 하나님의 평화주의 프로젝트에 참여할 수 있을까요?

이 설교는 1983년 3월 26일, 오하이오 주 실바니아의 프란시스코 라이프 센터에서 선포되었다.

3장 지혜와 힘

십자가의 도가 멸망하는 자들에게는 미련한 것이요 구원을 얻는 우리에게는 하나님의 능력이라. 기록된바 내가 지혜 있는 자들의 지혜를 멸하고 총명한 자들의 총명을 폐하리라 하였으니 지혜 있는 자가 어디 있느뇨 선비가 어디 있느뇨 이 세대에 변사가 어디 있느뇨 하나님께서 이 세상의 지혜를 미련케 하신 것이 아니뇨 하나님의 지혜에 있어서는 이 세상이 자기 지혜로 하나님을 알지 못하기 때문에 하나님께서 전도의 미련한 것으로 믿는 자들을 구원하시기를 기뻐하셨도다. 유대인은 표적을 구하고 헬라인은 지혜를 찾으나 우리는 십자가에 못 박힌 그리스도를 전하니 유대인에게는 거리끼는 것이요 이방인에게는 미련한 것이로되 오직 부르심을 입은 자들에게는 유대인이나 헬라인이나 그리스도는 하나님의 능력이요 하나님의 지혜니라. 하나님의 미련한 것이 사람보다 지혜 있고 하나님의 약한 것이 사람보다 강하니라고전 1:18-25

사도 바울은 인류학자가 아닙니다. 본문에서 그가 유대인과 헬라인에 대해 언급한 것은 특정 인종이나 특정 종교의 사람들은 모두 똑같다는 식으로 싸잡아서 판단하기 위함이 아닙니다. 그는 정도의 차이는 있어도 당시에는 서로 다른 민족 공동체로 대표되며, 어느 시대에나 존재하는 정신적 유형에 대해 말하는 것입니다. 그런 점에서 우리 또한 모두 정도의 차이는 있어도 헬라인이거나 유대인이라 할 수 있습니다.

바울이 "유대인은 표적을 구하고"라고 말할 때, 그는 종교나 인종에 대해 말하려는 것이 아닌, 문화에 대해 말하는 것입니다. 유대인이라 할 때, 그는 우디 알렌과 같은 특정인을 가리키는 것이 아닙니다. 그는 하나님의 권능의 증거를 보기 원하는 자들에 대해 말하고 있습니다. 표적은 권능의 증거입니다. 복음서에서 사람들은 예수님께 그분의 사역을 신뢰할 수 있을만한 표적을 구했습니다. 그들은 하나님이 예수님의 편이라는 것을 그들에게 확증시켜 줌으로 그들이 예수님을 믿고 따름에서 가져올 위험감수를 최소화해 줄 어떤 실제적 증거를 원했습니다.

세상에는 권력이 쾌락이나 지혜, 부 혹은 성과 같은 것들보다 덜 중요하게 여겨지는 문화도 있었습니다. 그러나 아브라함, 모세, 다윗, 엘리야의 유산 속에서 유대인들과 그리스도인들은 정의를 위해 강력하게 역사하는 하나님을 기대하는 것을 배워왔습니다. 타 종교들은 세상을 정적으로 보거나 역사를 순환적으로 봅니다만, 아브라함의 자손들은 역사를 약속을 따라 주어진 세상과, 과거의 구원의 기억들에 의해 이끌려 가는 것으로 봅니다. 예언자들은 하나님이 일하고 계심을 선포합니다. 젤롯당들은 그들에게 승리를 주시는 하나님의 의로우심을 믿고 의지합니다. 그리스도인 황제들과 십자군들은 그분의 이름으로 승리합니다. 제국은 그분의 영광을 온 세계에 드러냅니다.

좋든 나쁘든 우리는 그들의 후예들입니다. 우리는 "그것이 작동할까?"라고 계율에 대해 묻거나, "어떤 결과를 초래할 것인가?"라고 도덕적 원리에 대해 묻습니다. 우리가 폭력을 포기하는 것에 대해 듣게 된다면, 우리는 "그렇다면, 만일 누군가가 우리의 친구나 우리가 소중히 여기는 것을 위협한다면 어떻게 할 것인가?"라고 묻습니다. 국가적으로 우리는 다음과 같이 질문할 것입니다. "러시아인들이 침공한다면 어떻게 할 것인가?" 혹은 "그 누구도 조국을 방어해 주지 않는다면, 도대체 어떻게 평화를 지킬 수 있단 말인가?"

히브리인들은 그 신적 권능과 빛이 복잡하고 서로 상반된 유형으로 분산된 힌두인들과 다릅니다. 그들은 역사적 경험 속에서의 사건들의 힘이 경시되거나 부정되곤 하는 불교도와 다릅니다. 그리고 그들은 어떤 변화도 기대되지 않고, 균형을 유지하는 수호자로서의 신들로 구성된 토착 문화의 원주민들과도 같지 않습니다. 히브리인들의 야웨JHWH는 움직이시는 분이시며 뒤흔드시는 분이십니다. 시내산에서 그분은 먹구름 속에서 드러나셨습니다. 그분은 요동치는 바다에서 당신의 백성을 파라오로부터 구해내셨습니다. 여호수아, 사사들, 사울, 그리고 다윗의 하나님께서는 강력한 구원을 행사하심으로 그 백성을 적들로부터 도와주셨습니다.

마리아는 그녀의 아들이 그 백성을 해방할 자로서 여호수아예수라 이름 지어질 것을 전해 들었습니다. 당시 누군가 모세나 여호수아의 모델을 쫓거나, 혹은 보다 최근에 잠시나마 이스라엘을 독립시킴으로 유대 제사장을 왕으로 세웠던 마카비 혁명의 모델을 쫓아 해방을 생각했다면 그것은 전혀 놀라운 일이 아닐 것입니다.

예수님 시대의 일부 사람들은 예수님 또한 그러한 길로 나아가 주기를 바랐습니다. 그들에게 있어 십자가의 연약함은 신앙의 걸림돌이 되고 말았습니다. 바울의 시대에도 여전히 그런 부류의 사람들이 있었습니다. 바울이 예루살렘의 죄수로 끌려갈 때, 로마의 사령관은 그가 사천여 명의 독립주의자들의 리더인 줄로 오해했습니다. 10여 년이 지나 예루살렘은 한 므나헴 사람에 의해서 실제로 몇 달간 해방을 맛봅니다만, 그것은 결국 그 도시의 멸망을 촉발하고 말았습니다.3)

바울이 "유대인들을 표적을 구하고"라고 언급했을 때, 그것은 오늘날로 치면 중앙아메리카와 중동, 에리트리아아프리카 북동쪽에 있는 나라로 에티오피아로부터 독립을 시도해 오다 1993년에 독립함, 차드 같은 지역을 파괴하는 것과 마찬가지로, 군사적 봉기를 통한 국가적 부흥을 추구하던 선례를 가리킵니다. 우리는 우리가 승리할 때 하나님이 우리와 함께 하신다고 믿으려 할 것입니다.

그러나 예수님은 승리하지 않으셨습니다. 죽음은 패배와 같습니다. 게다가 십자가형은 그보다 더한 것을 의미합니다. 로마인들은 하찮은 도둑이나 강도를 그런 방식으로 처형하지 않았습니다. 그것은 반역에 대한 형벌이었습니다. 예수님의 죽음은 한 운동을 이끌던 주동자의 갑작스런 패배를 의미했습니다.

그러한 사실은 오늘날도 여전히 걸림돌이 됩니다. 하나님이 우리의 도움이 아니시라면, 어떻게 우리가 그분을 믿을 수 있을까요? 예수께서 패하셨다면, 어떻게 그분의 우리의 주님이 되실 수 있을까요?

그러한 질문에 대한 한가지 진실한 답은 그리스도인의 사랑은 결코 비효율적이지 않다는 것입니다. 세상에는 사랑만이 완성할 수 있는 것들이 있습니다. 세상에는 가치 있는 목표에 이르는데 가장 효과적이라 할 수 있는 비폭력적인 방식들이 있습니다.

---

3) 이는 주 후 66년경 예루살렘 성전 금고를 약탈한 로마 총독 게시우스 플로루스에 대한 항거로 유대인들이 마사다 요새를 점령한 사건을 의미한다.

"갈등 해소"라 불리는 일종의 사회과학은 합당한 이익을 위해 분석 가능하고 학습 가능한 한 더욱 좋거나, 혹은 더 나쁜 길들에 대해 논증합니다. 파괴적인 위협에 대항한 대량 살상 무기의 위협은 비록 전쟁이 발발하지 않게 할 수 있을지는 몰라도, 양측이 살상으로부터 보호하기를 원하는 것에 대해서는 아무것도 말하지 못한 채, 문제 해결을 지연시킬 뿐입니다.

간디와 마틴 루터 킹은 적극적으로 악과 타협하지 않으므로 진리가 갖는 힘을 효과적으로 보여줬습니다. 물론 이것은 대가가 따르는 일이었지만, 결코 전쟁만큼의 대가를 치르게 하지는 않습니다. 적대자의 삶과 존엄함을 고귀하게 여기는 일이나 자기 방식대로 상대 대하기를 중단하는 일은, 한편으로는 도덕적인 승리이고 다른 한편으로는 전략적인 우위를 점할 수 있는 시작점이 될 것입니다. 그러나 이를 위해서는 무엇보다 여러분 자신의 믿음이 필요하겠지요.

하지만, 위에서 말한 질문에 대한 가장 적절한 대답은 질문 자체가 틀렸다고 답하는 데 있습니다. 연약함으로의 십자가에 의해 분개하는 것은 잘못된 일입니다. 왜냐하면, 강함을 요구하는 일이 곧 잘못이기 때문입니다. 바른 결정이나 바른 행동의 타당성을 검증하는 기준이 권력이 되는 것은 잘못입니다. 그것이 우리의 권리이자 우리의 의무라고 주장하거나 우리가 바람직하다 생각하는 결과를 이끌어낼 책임이 우리의 역량에 달렸다고 말하는 것은 우리가 항상 생각하듯 결코 진실이 될 수 없습니다.

하지만, '십자가는 약함이다' 라는 개념 속에는 그러한 권리, 의미, 역량이 의미하는 바가 전제되어 있습니다. 이런 전제는 "표적"을 구하는 이들의 분개한 마음에 놓여 있는 무력함으로서의 십자가에 대한 불만족이 무엇인가를 설명해 줍니다.

예수의 십자가는 결코 약해지겠다거나 의지를 포기하는 어떠한 결정에 의한 결과로서 역사 속에 드러나지 않았습니다. 그것은 당신이 부름 받으신 길을 쫓아 걸어가셨던 예수님의 우직함firmness의 결과였습니다. 십자가형은 예수님께서 도전하셨던 인류를 지배하는 세상권력 앞에서 그분이 누구셨으며, 그분이 어떠한 일을 했는가에 따른 지극히 정상적인 결과였습니다. 그분과 같이 행하고 말하는 자는 그분이 세상에서 대접받으신 대로 똑같이 대접받을 것입니다. 그같이 행하는 데에는 결코 연약함이 아니라 힘과 소망이 필요합니다.

훗날 그리스도의 십자가는 다른 의미들을 갖게 됩니다. 그것은 형벌, 희생, 혹은 승리로 표현됩니다. 그러나 그러한 모든 부차적인 의미들은 한 의로운 분이 당신이 해방하려는 사람들을 구속하는 어떠한 불의한 권력의 존재를 용인치 않으셨기에 죽임을 당하셨다고 하는 사회적이고 역사적인 의미들에 의존되어 있습니다. 또한, 그것은 그분을 따르는 자들이 따라야 할 길이기도 합니다. 바로 이런 이유 때문에 우리가 걸려 넘어지는 것입니다. 다시 말해 십자가가 약하기 때문이 아니라 십자가는 우리로 하여금 너무도 강해지라고 요청하고 있기에 우리를 당황케 하는 것입니다.

바울이 "헬라인[그리스인]은 지혜를 찾으나"라고 말한 것 역시 그가 특정 인종이나 국가를 언급하려는 것이 아닌, 문화에 대해 말하고자 함입니다. 그리스인이라 할 때 바울은 조르바4)와 같은 누군가를 의미한 것이 아닙니다. 그것은 고린도 혹은 그리스 도시에 사는 모든 독자를 의미하지도 않습니다. 그는 도덕적 사유의 방식을 밝히려는 것입니다. 그

---

4) 니코스 카잔차키스의 장편소설 『그리스인 조르바』 속의 주인공 명

리스어는 로마나 이집트에서조차도 문화와 철학의 언어로 자리하고 있습니다. 바울이 "헬라인은 지혜를 찾으나"라고 말할 때, 그것은 다름 아닌 우리가 모두 배운 바의 사유의 방식을 가리키는 것입니다.

"그러나 그것은 언제나 진실인가?" 혹은 "그것은 모든 이들에게 진실이 되는가?" 등과 같이 우리가 규칙적으로 엄격하게 묻는 능력에서 우리의 문화는 이제껏 그리스 철학의 아버지들에게 빚을 지고 있습니다. 우리는 진리가 특수함이 아닌 보편적으로 존재하는 가운데, 그리고 특정 관점이나 편견이 아닌 모든 이들을 위한 진실함으로 존재하는 가운데 입증되도록 묻는 것을 배워왔습니다. 철학자 칸트는 그것이 모든 이들을 위한 진실인지에 대한 도덕적 진술을 물어보라고 권면 합니다. 민주주의는 대부분 사람이 투표하는 바가 갖는 권리에 대해 존중하도록 가르치고 있습니다. 학자들은 일치된 권위들을 존중할 것을 가르치고 있습니다. 진리는 모든 사람이 권하지 않는다면 의심스러운 것입니다.

우리가 이러한 관점을 원수 사랑에 대한 그리스도인의 의무와 연관시킬 때, 다음과 같은 질문들이 따라옵니다. 당신은 그것을 모든 이들에게 요구하는 것입니까? 당신은 그것[원수사랑]이 가능하다고 모든 이들을 확신시킬 수 있습니까? 그것은 상식에서 벗어나도록 사람들을 당혹게 하지 않습니까? 그것은 모든 사람에게는 적용되기 어려운 소수 교파의 특수함 안에서만 실현 가능한 요구이지 않습니까? 그것은 모든 사회의 구성원들을 위한 지침으로는 부적합하지 않습니까?

바울은 십자가는 어리석다고 말하는 그리스인들에게 동의하지 않습니다. 그러나 그는 그들이 어떻게 그런 식으로 보는가에 대해서는 이해하고 있습니다. 더 나아가 그는 그러한 지혜가 일반적으로 신앙인이 되는 것을 쉽게 못 한다는 사실을 지적합니다. "형제들아 너희를 부르심을 보라 육체를 따라 지혜로운 자가 많지 아니하며 능한 자가 많지 아니하며 문벌 좋은 자가 많지 아니하도다"고전1:26

이러한 하나님의 말씀은 균형을 잃고 우리 입맛에 맞춰 의미를 창출하는sense-making 반사신경들 하나하나에 세미하게 적용되고 있습니다. 실제 우리가 합리적이 의미를 부여하는 것들은 무엇이던가요? 그것은 희생이 아닌 자기 보전적인 것들입니다. 우리가 합리적이라 여기는 것은 신뢰할 것이 아닌 설명을 요구하는 행위입니다. 또한, 그것은 위험 감수와 주변인, 원수와는 거리가 먼 것들입니다.

230명의 가톨릭 주교들은 "평화의 도전"이라는 목회서신을 발행했을 때, 이에 대해 우리는 "그들은 전문가가 아니다. 거기에는 예외가 없지 않은가? 그들의 탄원에 반영된 인간 본성이나 정부에 대한 근거 있는 이론은 도대체 무엇이란 말인가?"라고 비판합니다.

인간의 영은 의미를 창출하는 기관organ입니다. 그리고 그것은 분명히 좋은 것입니다. 우리는 생각의 일관성을 테스트하는 것을 배웁니다. 그러나 불행하게도 같은 방식으로 각기 다른 상황들을 다루려 할 때, 그러한 기술은 우리를 떠나고 맙니다. 혹은 우리는 그 모든 것을 알 수 없는 어떤 것들은 틀림없이 거짓이라고 추론할 수 있습니다.

우리는 평화에 대한 헌신이 분파적이라거나, 관련이 없다거나, 비논리적이라고 인정해서는 안 됩니다. 고대 철학적 합의에 따라 형성된 일반 지혜의 기초 위에서, 혹은 인종에 대한 역사적 연구에 의해서 우리는 이웃 사랑을 주장할 수 있습니다. 그리고 무엇이 가장 합리적인 존재들이 심사숙고한 것으로 합당할 것인지 주장할 수 있습니다. 하지만, 애당초 우리는 마치 우리의 주장을 절대적으로 여겨, 그 기준에 의해 이웃사랑을 인증하려고 시도할 수도 없고, 시도하려 해서도 안 될 것입니다.

그리스도의 복음은 몽매주의자의 그것이 아닙니다. 그것은 결코 맹목적 신앙을 요구하기보다는 고백을 요구합니다. 그것은 우리를 단순히 그리스도의 주되심을 인정하는 결단의 수준에 남겨두지 않습니다. 그 결단은 사건에 대한 사실에 의해서나, 우리의 부모에 의해서, 혹은 어떤 거역할 수 없는 논리적 증거에 의해 주어지지 않습니다. 우리는 종종 우리의 아이들을 위해 신앙의 위험을 피하고자 '다른 길은 없었다' 라거나 '신앙은 불가피하다' 라는 식으로 그들에게 말합니다. 그것이 교회에 의해 지배받는 사회에서의 확증의 방식입니다.

반대로 예수님께서는 그 청중들에게 그들이 기꺼이 주님과 같이 고통받을 준비가 되어 있지 않다면, 그분을 따르지 말라고 경고하셨습니다.

예수의 제자들은 소수집단입니다. 그러나 그것은 다른 사람들을 확신시키기 어려운 특별한 혁명적인 경험들의 터에 구축해 놓은 특정 교리 때문이 아닙니다. "헬라인들"은 아마도 그러한 특별한 정보들이라면 존중했을 것입니다. 예수께서 그러셨던 것처럼 그 제자들 또한 그 원수들을 사랑했기 때문에, 또한 그들의 이런 길에 대한 헌신은 타인에 대한 기존의 수용성의 기준에 의존되어 있지 않았기 때문에, 예수의 제자들은 인기 없는 소수집단이었습니다. 그것은 그들이 어리석기로 작정했기 때문이 아니라 그들이 세상과 다른 지혜의 기준에 헌신했기 때문이었습니다.

1525년 8월의 어느 날, 스위스 종교 개혁가 에콜람파디우스의 사무실에서는 유아세례에 대한 불만족스러운 논쟁이 한창이었습니다. 그때 한 아나뱁티스트재침례교인 가운데 한 사람이 다음과 같이 말했습니다. "십자가에서 영예를, 죽음에서 생명을 바라볼 수 있으려면 신적 지혜가 필요하다. 이를 위해 우리는 우리 자신을 부정하고 바보가 되어야만 한다."

그는 지금 우리가 보는 본문을 인용하는 것입니다. 거기에는 신비주의적 영감에 대한 중세기의 지향과 스콜라주의적 교회에 대항한 개신교의 논쟁에서와 같은 반복되는 닳아빠진 논쟁이 담겨 있습니다. 그러나 그가, 그리고 바울이 요청하는 바는 이성에 반한 신비주의나, 학문주의에 반한 맹목적 신앙이 아닙니다. 그들은 힘과 지혜로서의 진리에 대한 새로운 정의로서 그리스도의 십자가에 대한 이해를 요구하는 것입니다.

어떤 면에서 유대인이나 헬라인이나 우리는 모두 "예수를 따름"에 대한 재정의를 통해서 이런 부르심을 피해 십자가가 아닌 다른 것에 초점을 맞추려 하고 있습니다. 예를 들면, 베스트셀러 소설 〈예수님이라면 어떻게 하실까?In His Steps〉 속의 인기 목사 헨리 맥스웰과 같이 우리는 "예수라면 하셨을 것을 행함으로" 어떤 특정 상황에서도 우리가 생각한 바가 바른 것이 되는 진실성과 용기를 가진 행동가로 변형될 수 있습니다. 혹은 프란치스코의 전통을 따라 맨발과 탁발 등으로 우리의 생활 방식을 단순화할 수 있습니다. 그러나 초대 그리스도인들은 예수님의 금욕주의celibacy나 그분이 이윤이 남는 직업을 갖지 않으신 것이나 거주지가 없으신 것을 본으로 삼지 않았습니다. 그들은 오직 그분의 십자가만을 따라야 할 본으로 여겼습니다.

십자가를 회피하기 위한 또 다른 방법은 십자가의 중요성을 강조하되 거기에 다른 의미를 부여하는 방식입니다. 기독교 목회 상담에서 우리는 어떤 사람이 관계 속에서 갈등을 경험하거나 난치성 질병이나 장애가 있는 경우, 그 사람이 십자가를 짊어진다는 식의 표현을 쓰곤 합니다. 여기서는 사고나 병이 "십자가"로 일컬음 받을 수 있는 것입니다.

또 다른 목회상담의 영역에서는 십자가는 자아에 대한 죽음을 경험하는 것으로 상징됩니다. 즉 어떤 사람이 신비적이고 경건한 훈련을 통해 예수회나 퀘이커교도, 웨슬리 교도가 되는 한 과정에서와같이 말입니다.

십자가에 대한 부연적 의미는 목회상담의 영역에서 신학 영역으로 옮겨서도 설명될 수 있습니다. 십자가는 성례의 신학에서는 화체설의 기적에 대한 격렬한 논쟁이 됩니다. 죄와 은총의 영역에서는 십자가는 속죄의 기적을 나타냅니다. 역사의 영역은 누군가는 복음서 기사의 역사성을 두고 씨름할 것입니다. 여러 학문 분야의 대화에서 누군가는 십자가 사건을 프로이트, 니체, 혹은 마르크스 등을 통해 재해석할 수 있습니다.

십자가가 무엇을 의미하느냐에 대한 이러한 대안적인 이해들은 다른 영역에서는 의문점들이 많을지 모르지만, 그 각각의 영역에서는 나름 타당합니다. 그러나 이 모든 십자가에 대한 부연적 설명들이 곧 십자가는 인류 속의 하나님성육신께서 하나님을 거역하는 인류반역을 당신께서 친히 희생하심속죄으로 만나시는 그 성육신적 사랑의 길을 예수님과 함께 나누는 것으로의 부르심이라는 사실에 대한 강조인 십자가에 대한 강조reinforcement가 아닌 대체하는 것replacement이 되어서는 안 됩니다.

바울에게 중대했던 십자가가 모든 문제와 관련해 드러낸 비전은 단순히 이따금 고통받는 사랑은 사회 변혁을 가져올 만큼 강력하다는 것을 보여주기 위함이 아니었습니다. 우리의 어떤 이웃들은 분명히 간디나 마틴 루터 킹을 통해 이런 사실을 깨달았을 테지요. 오히려 우리는 그분의 실패와 죽으심 안에서 하나님께서는 가인 이래 적대감의 강물을 따라 흘러왔던 역사의 물줄기를 바꾸실 만큼 전능하시다는 사실을 고백하게 됩니다.

십자가가 지혜라면, 우리는 역사를 아래로부터 다르게 읽는 법을 배울 수 있습니다. 우리는 윤리학을 다르게 읽을 수 있습니다. 또한, 우리는 어떤 행동의 참된 합리성에 대한 척도를 모두가 거기에 동의하는가에 의해서가 아닌, 아주 많은 다른 이들이 그렇게 했는가에 의해서가 아닌, 우리가 이길 수 있을 것인가에 의해서가 아닌 방식으로 잴 수 있을 것입니다. 그보다는 참된 합리성의 척도는 어떤 행동혹은 어떤 드러난 의지나 목적이 십자가에서 드러난 하나님의 성품과 똑같은가의 여부에 의해, 또한 아픈 환자를 보살피고, 고통스럽지만 진리를 말하며, 정직한 중개인이 되며, 문제 해결에서 상호존중을 하는 등의 다른 모든 자리에서의 건강한 삶인가의 여부에 의해 드러날 것입니다.

만일 십자가가 힘이라면, 우리는 역사 속에 희망의 이름으로 다르게 참여하는 것을 배울 것입니다. 초대 그리스도인들, 예레미야가 편지했던 바빌론의 유대인들, 혹은 『순교자의 거울』5)에 등장하는 16세기 아나뱁티스트 영웅들에게서와 같이, 종종 우리는 단순히 "믿음으로 그것을 받아들임"으로 어린 양의 승리가 우리의 연약함을 통해 드러나게 해야 합니다. 그러나 그러한 믿음은 정색을 하거나 분개하는 인내가 아닙니다. 그것은 하나님께서 요한계시록 16장의 찬양으로 이미 확증하여 드러낸 승리에 대한 신뢰로 상징되는 희망 속에서의 섬김입니다.

반대자나 죄수들의 권리에 대해 관심을 두도록 도왔던 17세기 영국

---

5) 1660년 Thieleman J. van Bright에 의해 출판된 순교자들에 대한 간증집. 특히 아나뱁티스트들의 이야기를 많이 다루고 있어, 아나뱁티스트의 태동과 고난의 역사를 이해하는 데 있어 빼놓을 수 없는 문헌이다.

의 퀘이커교도Friends나, 인디언의 권리를 옹호해 준 18세기 미국 퀘이커교도들의 경우처럼, 우리는 종종 우리들의 고난이 이미 시작된 덜 잔인한 세상을 구축해 나가는데 한몫을 한다는 것을 보게 될 것입니다. 우리는 우리의 연약함이 그 창의력에 힘입어 전략적인 소수자의 연약함으로, 혹은 아무도 감당하지 않는 과업을 짊어지는 연약함으로, 혹은 두 거대 세력 간의 사이에 놓인 연약함으로 열린 사회의 복지를 위한 자의식 강한 공공연한 전략으로 참여할 수 있습니다.

사랑의 법에 따라 부름 받은 그리스도인들이 그들 본연의 자리를 떠나 적대적인 자리로 나아가며, 하나님의 지혜와 실제적 권력은 다른 것이라며, 인간의 지혜와 권력의 자율적인 지속성을 인정하려 들 때마다 그 세상에 대한 십자가의 모습은 오해됩니다. 그것은 성서가 말하는 바가 아닙니다. 성서는 권력에 대한 인간의 이해가 참된 역사적 경험 안에서와 그것을 위한 하나님의 진정한 권능을 인식하는 데 실패했음을 십자가를 통해 보여주고 있습니다. 대화하기를 중단하고 동료 인간들을 이들을 파멸시킴으로 상황을 그들이 원하는 대로 이끌 수 있을 것이라 믿었던 이들도 이제 그들이 틀렸다는 것이 증명됩니다: "그 오래된 왕들과 황제들은 어디로 갔는가?"6)

겨우 최근 들어서야 사회과학자들은 진노를 돌릴 부드러운 답변의 방법들 -- 그것은 언제나 진리였다--에 대한 목록들을 만들기 시작했습니다. 간디와 마틴 루터 킹과 같은 카리스마적 리더들이 비폭력적인 사회저항의 기술을 발전시킬 수 있는 전국적인 대중매체와 사회 운동들은 단지 우리 시대의 신기원이라 할 수 있습니다. 그러나 그들의 시대 이전에는 평화를 이루는 길은 다름 아닌 전쟁을 하지 않으면 된다는 식

---

6) Arthur Cleveland Coxe (1818–1896)의 찬송가 제목

에 불과했습니다.

십자가는 정치권 밖에서의 한 사건이 아닙니다. 세계사 가운데 가장 거대하고, 잘 조직화 되었으며, 상대적으로 가장 바른 제국은 민족해방에 위협을 주는 대표적인 인물이라는 이유로 비폭력적인 교사를 처형하고 있습니다. 그것은 우리가 만일 그같이 되지 않았더라면 알지 못했을 이야기에 속합니다.:

악이 비록 성하여도 진리 더욱 강하다.
진리 따라 살아갈 때 어려움도 당하리
우리 가는 그 앞길에 어둔 장막 덮쳐도
하나님이 함께 계셔 항상 지켜주시리[7], James Russell Lowell

이것은 마틴 루터 킹이 완고한 사악한 권력 앞에서 가장 많이 인용한 본문일 것입니다.

십자가는 비록 그것이 우리의 이웃들에게는 미치광이처럼 보일지는 모르지만, 삶의 이치에 맞습니다. 비록 우리는 핵무기의 파괴력의 크기에 의해 가늠되는 리더십 혹은 드라마 속의 총과 칼에 의한 권선징악 구도에 의한 도덕성, 모든 고용 문제는 연방정부의 무기 계약에 의해 해결되는 지역경제 등과 같이 현대 국가의 신화들에 길들었지만, 오직 십자가야말로 역사를 앞으로 나가게 합니다.

그러나 하나님께서 세상의 미련한 것들을 택하사 지혜 있는 자들을 부끄럽게 하려 하시고 세상의 약한 것들을 택하사 강한 것들을 부끄럽게

---

7) 찬송가 521장

하려 하시며 하나님께서 세상의 천한 것과 멸시받는 것들과 없는 것들을 택하사 있는 것들을 폐하려 하시나니 이는 아무 육체라도 하나님 앞에서 자랑하지 못하게 하려 하심이라 너희는 하나님께로부터 나서 그리스도 예수 안에 있고 예수는 하나님께로서 나와서 우리에게 지혜와 의로움과 거룩함과 구속함이 되셨으니 기록된바 자랑하는 자는 주 안에서 자랑하라 함과 같게 하려 함이니라고전1:27-31

본문은 1971년 우루과이 몬테비데오에서 처음 설교했으며, 최근 아이오와 시더 래피드 제일 장로교회에서 설교했다.

4장 남보다 나을 것이 무엇이냐?

너희가 너희를 사랑하는 자를 사랑하면 무슨 상이 있으리오 세리도 이같이 아니하느냐 또 너희가 너희 형제에게만 문안하면 남보다 더하는 것이 무엇이냐 이방인들도 이같이 아니하느냐 그러므로 하늘에 계신 너희 아버지의 온전하심과 같이 너희도 온전하라 마5:46-48

예수님께서는 평화주의자와 다른 그리스도인들의 차이에 대해 말씀하고 계시지 않습니다. 혹은 평화 교회의 전도와 다른 유형의 전도 차이에 대해서 설명하고 계신 것도 아닙니다. 예수님께서는 당신의 말씀을 듣는 자들과 듣지 않는 자들의 차이에 대해 말씀하고 계신 것입니다.

말씀을 듣지 않는 자들로 지목하신 "그들"은 세 부류입니다.:

– 세리
– 죄인들누가복음의 용어
– 이방인들ethnics

이방인에 해당하는 ethnic이라는 용어는 신약성서에서 오직 4회 언급되고 있습니다. 그러나 이 단어의 본디 의미는 유대인이 아닌 자로서의 이방인을 가리키지 않습니다. 그렇게 본다면 예수님의 제자들이야말로 이방인들이 될 수 있습니다. 이교도로 번역되기도 하는 이 용어는 하나님 백성의 바깥에 존재하는 혹은 다른 공동체에 충성하는 것으로 상징되는 이들을 가리킵니다.

예수님께서 무엇이 제자 됨의 구분점이 되는가에 대해 말씀하고 계신 주제는 전도에 관한 이야기입니다. 예수님께서는 제자 된 그 잉여성 일상의 모습을 넘어선 초월성과 성숙함을 의미의 질a quality of moreness을 드러내는 구별된 삶이 있다고 말씀하시는 것입니다. 마태복음 5장 46절은 잉여성에 관한 질문으로 "무슨 상이 있으리오?"라고 물으십니다. 누가복음은 이에 대해 "칭찬받을 것이 무엇이냐?"라고 바꾸어 표현하고 있습니다. 마태복음 5장 47절은 이어서 "남보다 더하는 것이 무엇이냐?"라고 질문합니다. 예수님께서는 킹 제임스 번역본에서처럼 "다른 사람들보다 더 하는 것이 무엇이냐?라고 물으시거나 오늘 본문의 제목에서 표현되듯이 "그늘보다 더 많이 하는 것이 무엇이냐"라고 질문하지 않고 계십니다. 오히려 예수님은 "네가 행하고 있는 보다 위대한 일은 무엇이냐?"라고 물으십니다.

이처럼 "삶의 방식으로서의 복음의 잉여성이 전도의 의미에 대한 우리의 이해를 어떻게 도울 것인가?"가 오늘 우리가 함께 보고자 하는 주제입니다.

새로움

이런 맥락에서 소개되는 예수의 말씀은 "…을 너희가 들었으나 나는 너희에게 이르노니"로 표현되는 연속되는 6개의 극적인 말씀들에 포함

됩니다. 이런 연속된 말씀은 주님의 "나는 율법을 완전하게 하려고 왔다."라는 선언에서부터 시작됩니다. 그리고 이러한 선언은 그 앞에 소개된 팔복에 기초하고 있습니다. 서로 연결된 사고의 연장선 속에 있는 마태복음 5장은 예수님의 세례, 하늘로부터 그분을 향해 들린 특별한 부르심, 사막에서의 시험, 그 백성을 향한 하나님 나라 복음 선포의 시작을 소개하는 마태복음 4장에 기초하고 있습니다. 따라서 전도의 의미에 대해 오늘 본문과 함께 연관된 이전 본문들을 하나하나 주목하는 일은 가치가 있습니다. 마태복음에 소개된 각각의 단계들세례, 부르심, 시험, 첫 설교은 '복음을 어떻게 선포해야 하는가' 나 '복음이란 과연 무엇인가' 에 대한 우리의 궁금증에 답해 줄 것입니다.

하지만, 여기서 우리는 우리의 주된 관심을 두 가지 영역으로 제한해야만 하겠습니다. 첫째, 예수님께서는 임박한 하나님 나라를 선포하십니다. 그분은 단순히 이에 대한 어떤 사상이나 교리의 본체를 소개하고 계시지 않습니다. 물론 이러한 사상이나 교리들이 암시될 것이며 이를 피할 수는 없겠습니다만, 그분은 주로 개인적 체험을 위해 사람들을 초대하고 계신 것이 아닙니다. 물론 개인적이거나 체험이 없이는 그분의 메시지에 답할 수는 없겠지만 말입니다.

그분께서 선포하고 계신 것은 모든 것에 대한 전적으로 새로운 질서입니다. 이를 묘사하기 위해, 그분은 "나라"kingdom라는 정치적 용어를 쓰십니다. 이는 새로운 관계성들의 조합입니다. 거기에는 치유와 다른 위대한 이적들도 포함됩니다. 그것은 자신들의 평상시의 직업을 내려놓고 그분을 따르도록 이끄는 집단적 운동movements이기도 합니다. 어떤 이들은 심지어 그분의 섬김의 공동체의 일원이 되려고 영구적으로 그들의 이전 직업을 포기할 것입니다.

두 번째로 우리가 본문에서 관찰하고자 하는 바는 그 용어에 대한 주의가 필요하기에 더 어렵습니다. "팔복"이란 무엇일까요? 여러분에게 이 본문은 익숙할 것입니다. 여덟 번에 걸쳐서 예수님께서는 "…한 자는 복이 있나니…. 할 것임이요."라고 말씀하십니다. 우리는 이런 '복'의 목록을 마치 선한 사람들이 갖게 되는 덕의 목록 혹은 그들이 행하는 선행들인 것처럼 오해합니다. 다시 말해 이는 마치 도덕적인 요청 같아 보입니다. "이렇게 행하라. 그러면 이러 이러한 보상을 받게 될 것이다."라는 식으로 말입니다. 이와 같은 해석이 우리 대부분이 본문을 이해하는 방식입니다. 그러나 이것은 결코 팔복에 대한 온전한 의미를 담아내지 못한 해석입니다. 예수님께서 복이 있으리라고 말씀하신 말씀 중의 몇몇은 여러분이 결심하고 할 수 있는 것들이 아닙니다. 여러분은 "자 이제부터는 애통하겠어" 혹은 "난 이제부터 의에 굶주리고 목마르겠어"라고 작정할 수 없습니다. 이러한 것들은 그에 따른 보상이 선포될만한 행동이 되지 못합니다. 그보다 팔복은 그의 나라가 올 때에 사람들이 이미 자신들 안에서 발견하는 자세 혹은 태도를 가리킵니다.

팔복을 도덕적 요청의 목록들로 간주하지 말아야 할 두 번째 이유는 복음으로서의 그 의미가 퇴색되기 때문입니다. 다시 말해 하나님 나라 선포가 곧 좋은 소식이라는 연결점이 상실된다는 말입니다. 우리는 "복이 있나니"에 해당하는 마카리오스makarios라는 원어적 의미를 생각해 보아야 합니다. 이 말은 "너는 보상을 받을 것이다"라는 뜻이 아닙니다. 이 말의 "너는 행복하다" 혹은 "너는 잘했다"는 의미입니다.

다시 말해, 예수님께서는 다음과 같이 말씀하시는 것입니다. "세상에는 이미 애통해하는 이들이 있다. 잘 됐다. 왜냐하면, 하나님 나라가 지금 여기에 와 있기에 그들은 위로받을 것이기 때문이다." "세상에는 이미 그 마음이 순결한 이들이 있다. 잘 됐다. 왜냐하면, 하나님 나라가 도 래했기에 그들은 하나님을 볼 것이기 때문이다." "아무것도 요구하지 않 는 온유한 이들이 있다. 잘 됐다. 왜냐하면, 하나님 나라가 목전에 있기 에 모든 땅이 그들의 것이 될 것이기 때문이다."

(누가복음의 본문을 비교한다면 이러한 관점은 더욱 분명해 질 것입 니다. 누가복음에서는 "화"의 수가 "복"의 수와 짝을 이룹니다. "지금 웃 는 자는 화가 있을 것이다. 그대는 나중에 울 것임으로. 지금 배부른 자 는 화가 있을 것이다. 그대는 곧 굶주릴 것임으로." 여기서 팔복의 의미 는 단순히 윤리적 가르침이 아니라는 사실이 더욱 분명해 집니다. 그것 은 하나님의 통치가 도래하는 것이 갖는 의미에 대한 선포입니다).

이러한 팔복의 의미에 대한 설명은 복음의 위대함에 대한 첫 번째 결 론을 이끌어 내게 해 줍니다. 그것은 하나님 나라 도래의 결과로서의 팔 복, 축복, 권리, 선물을 의미합니다.

전도는 좋은 소식을 말하거나 믿는 것을 의미합니다. 하지만, 대부분 우리는 이와 달리 생각하고 있지 않았던가요? 많은 평화주의 교회 그리 스도인들에게는 다른 가정들이 작동하고 있습니다. 중심이 된 복음적 메시지는 좋은 소식이자 더는 어떤 질문도 필요치 않은 거저 주어지는 것을 의미합니다. 첫째는 용서와 사랑과 영혼의 평안입니다. 이어 여러 분은 예수님을 따르기 시작합니다. 마지막에서야 가장 어려운 세부항목 으로서의 다음 단계에 이르게 됩니다.

여러분은 아마도 이러한 "다음 단계"가 여러분 자신이 힘써 일해야 하는 양육의 과정 혹은 성화의 과정임을 말하도록 배워 오셨을 것입니 다. 혹은 여러분은 그것은 자동으로, 곧 신앙의 부산물로서 주어지는 것 이라고 가르침 받아 오셨을 것입니다. 어떤 경우든 간에, 우리는 이 두 개의 단계들이 분리되어야만, 복음의 요청에 의해 한층 더 나아간 다음 단계가 더욱 분명하게 드러난다고 배웠습니다. 복음생활의 위대함은 이 어려운 두 번째 단계에 있습니다. 즉 좋은 소식 뒤에는 나쁜 소식이 기다리는 셈입니다.

그러나 이것은 결코 예수님이 말씀하신 바가 아닙니다. 예수님께는 모든 것이 좋은 소식입니다. 평화주의자들은 하나님의 은혜에 의해서 그 믿음으로 말미암아 하나님의 자녀입니다. 그리고 그것은 하나님 나라가 도래하는 것의 일부를 드러내 주기 때문에 즐거운 소식입니다. 의에 주리고 목마른 자들은 좋은 소식으로 채움 받을 것이라는 것은 그 나라가 가까이 왔기 때문입니다.

다른 측면에서 볼 때에도 이러한 관점은 자명합니다. 우리는 대다수가 그리스도인이라 주장하는 사회에 살고 있습니다. 거기에는 군목이나 국회에 소속된 목사들이 있고, 의회를 통해 개정된 공립학교 기도법이 있으며, 돈과 우표에 인쇄된 하나님에 대한 구호들이 있습니다. 그럼에도, 그 어떤 교회도 공인되지 않았습니다. 이러한 결과는 그리스도인이 되는 데는 두 가지 단계가 있다는 가정을 이끌어 냅니다. 먼저 초보적이고 최소한의 자격요건에 동의하는 공통점을 가진 이들입니다. 그것이 그리스도인이 되는 길입니다. 그리고 거기에 추가조항을 두면 다음과 같은 여러 길이 주어집니다:

- 주교를 더한 성공회교인들

- 더 많은 물로 침례를 행하는 침례교인들

- 거룩함을 더한 감리교인들

- 바른 교리를 더한 복음주의자들

- 영을 더한 오순절 교인들

– 그들의 것을 더한 평화주의 교회들

가장 기초적이며 최소한의 문화적 유산에 덧붙여진 이 모든 추가 조항들은 "독특성"distinctives이라 불립니다. 그러한 독특성을 더하는 것은 기본적인 것을 넘어서기에 좋아 보입니다. 자동차 딜러는 그것을 활기 pizzazz라고 부를 것입니다. 사회학자는 그것을 특정 지역의 민간전승 folklore이라 부를 것입니다. 일반 대중들은 이에 대해 특성, 개성, 취향 등으로 표현할 것입니다. 하지만, 그것이 무엇이던 상관 없습니다.

일단 여러분이 모든 것을 이같이 이해한다고 할 때, 어떤 단계가 복음에 해당하겠습니까? 최소한의 자격요건을 갖추는 일입니까? 아니면, 이보다 더 나아가는 것을 의미합니까?

어떤 분들은 공공연하게 전자를 택할 것입니다. 복음은 최소한이며, 거기에 점차 더해가는 것이라는 식으로 말입니다. 그러한 복음은 우리가 그것을 제시할 때 다른 여타 추가조항들을 제거한다면 보다 수용 가능하며, 핵심적이며, 강력한 보편적인 미국 개신교적 메시지를 담아냅니다.

그러나 예수님께서는 그러한 방식으로 말씀하시지 않았습니다. 예수님은 복음을 두드러지게 부각시키셨습니다. 좋은 소식으로서의 전도는 언덕 위의 눈에 드러난 도시 같은 교회의 유익, 구별됨, 잉여성, 그리고 그 타협할 수 없음을 정교하게 드러냅니다. 그것은 소금의 맛과 같습니다. 그것은 사람들이 우리 하늘 아버지를 보고 영광 돌릴 율법을 성취시키는 위대한 의에 대한 것이 됩니다.

복음을 따르는 이들의 향상된 삶은 복음의 결과보다 더한 것입니다. 그것은 복음에 대한 증명 혹은 확증보다 더한 것입니다. 그것은 복음의 소통이라고도 할 수 있습니다. 그것은 메시지를 구체적으로 드러내 주는 탁월함으로서의 전도입니다.

예수님께서는 "친절하고 구별되며 타협하지 마라 그러면 사람들이 너희가 얼마나 선한지 알게 될 것이다. 그렇게 되면 그들은 너희가 갖고 있는 것을 갖고 싶어 할 것이다"라고 말씀하지 않으셨습니다. 예수님 말씀의 핵심은 사람들의 관심이 우리가 아닌 하나님을 향하게 했습니다. 그러한 하나님을 향한 관심은 새로운 말들에 의해서가 아닌, 새로운 삶의 유형 때문에 나타나는 것입니다.

우리는 주의해야 합니다. 사람들을 끌어들이는 구별됨은 "와! 저기 봐라!"라는 식으로 현혹하는 구태의연한 구별 됨을 말하지 않습니다. 예수님께서 말씀하시는 구별됨은 구세군이나 사제의 복장 등과 같이 외형적 구별 됨을 말하는 것이 아닙니다. 그러한 구별 됨은 그들이 구체적으로 우리와 어떤 면에서 다른지를 말해주지 못합니다. 예수님께 있어서의 구별됨은 그 구별됨만으로 메시지가 되는 무언가를 드러냅니다.

내가 선한 자식이나 악한 자식 모두를 사랑하는 하나님의 자녀라면, 또 내가 원수를 사랑하라는 하나님에 대한 증인이라면, 그 사랑에 대한 선포는 내가 원수를 사랑할 때에 비로소 드러나는 것입니다. 그때의 나는 단순히 사랑하라는 것에 대해 복종하는 것이 아닙니다. 나는 아버지의 그 사랑을 원수를 향해 소통하는 것입니다. 다른 방식으로의 소통은 불가능합니다.

나를 억지로 더 멀리 끌고 가는 원수에 대한 나의 사랑은 원수로 하여금 은혜를 받는 경험을 체험하게 합니다. 왜냐하면, 나의 행동은 하나님의 용서를 실제로 만들기 때문입니다. 다른 방식으로는 이러한 일은 불가능합니다.

만일 내가 기꺼이 십리를 가주고, 내 오른 뺨을 친 자에게 왼편도 돌

려댄다면, 나는 그 상대방 앞에 저항하지 않는 상태defenseless로 서 있음
으로 하나님의 용서하시는 사랑을 말하는 것입니다.

산상설교의 남은 부분은 모두 이와 같습니다. 예수님께서 우리에게
명하신 대로, 만일 우리가 우리의 것을 버리고 그분을 따른다면, 우리는
우리의 필요를 아는 아버지에 대한 우리 편의 신뢰를 선포하는 것이 됩
니다. 예수님께서 명하신 바와 같이, 우리가 사실을 호도하거나 맹세하
지 않고 진리를 말한다면, 우리는 하나님의 이름의 거룩함과 신실하심
을 선포하는 것입니다. 그분이 말씀하신 바와 같이, 우리가 자기방어를
내려놓는다면, 우리는 강력한 군대를 가진 지배자가 아닌 역사의 주인
이신 그리스도를 선포하는 것입니다.

지금까지 저는 예수님의 말씀을 인용했습니다. 이를 통해 저는 신약
성서의 말씀을 올곧게 전하고자 했습니다. 하지만, 복음으로 말미암은
향상된 삶은 시간이 지남에 따라 추가적인 의미들을 더했습니다. 우리
는 신약성서의 시대에서 지금까지 그 의미들을 어떻게 변해왔는지 아직
다 목격하지 못하고 있습니다.

특히 이러한 새로운 의미들은 공인된 기독교국가, 정부, 세상과 동일시되
는 종교의 발전과 함께 부상했습니다.

예수님께서 "너희가 너희 형제에게만 문안하면 남보다 더하는 것이
무엇이냐 이방인들도 이같이 아니하느냐"라고 말씀하신 것은, 그것은
공인된 종교의 발전 이후를 살아가는 우리에게 새로운 차원으로 나아가
달라고 요청하시는 것입니다. 만일 기독교가 공인된 종교가 되어 버렸
다면, 그것은 우리가 오직 그러한 유형의 기독교를 거절함으로만이 예
수를 따를 수 있음을 의미합니다. 우리는 사람들로 하여금 그들이 아는
그리스도를 멀리함으로써만 공인되었고, 순응주의적이며 권력 지향적

인 서방 종교를 멀리함으로써만 예수 그리스도의 복음을 따르도록 요청할 수 있습니다. 이것이 곧 개혁이 의미하는 바입니다. 바른 복음의 선포는 콘스탄틴과 샤를마뉴 이후로는 반드시 한 국가나 종족, 한 문화나 계급의 이기심 혹은 자기실현을 복음과 동일시하는 이들에 의해 남용된 기독교를 거절하는 것을 포함해야만 합니다.

평화 교회 운동이 태동하던 때에 공인된 종교가 만연하던 상황에서나, 공인되지 않은 종교들이 만연한 오늘날의 상황에서나 사람들로 하여금 예수 그리스도가 주시다라는 것을 고백하도록 요청하는 것은 충분치 않습니다. 예수님께서는 이에 대해 질문을 던지셨습니다. "왜 나를 주라 하면서 내가 말할 바대로 하지 않느냐?" 더 나아가 주님께서는 당신의 이름으로 이미 선한 일을 한 이들에게조차 "내가 너희를 도무지 알지 못한다"라고까지 말씀하셨습니다.

내일을 위한 복음은 타협하는 종교에 대한 심판으로, 예수님께서 꾸짖으신 타협하는 자들에 대해 심판으로, 심지어는 타협하는 복음전도자와 애국심이 만연한 경건에 대한 심판으로 그 비타협성을 선포해야 합니다. 그렇게 하지 않는다면 그것은 더는 좋은 소식일 수 없습니다. 이것은 자족적이고, 자기보전적인 종교 우상에 대한 타파이며, 이처럼 하지 않는다면 구원은 없습니다.

예수님께서는 "너희가 너희 형제에게만 문안하면 남보다 더하는 것이 무엇이냐? 민족주의자들도 그와 같이 아니하느냐?"라고 물으십니다. 민족주의가 기독교화될 때나 반대로 기독교가 민족주의화 될 때 그것은 어떤 의미이겠습니까? 그것이 복음전도에 주는 의미는 무엇일까요?

그런 점에서 저는 만일 누군가 우리가 전하는 메시지를 듣고 회심을 하게 될 때, 그들 가운데 몇몇은 그들의 원수를 사랑하게 될 것이라는 희망의 수준에 머물러서는 안 된다고 말씀드리고 싶습니다. 복음의 잉여성이 의미하는 바는 그 말씀에서 비롯되어야만 합니다. 그것은 그 말씀을 듣고 응답하는 이들의 예외적인 개인적 권리를 기다려 주는 것이어서는 안됩니다. 복음의 메시지는 그 자체로 기성 종교를 밀어내야만 합니다. 복음의 메시지는 민족주의와 자민족중심주의를 배격해야만 함을 여러 갈래로 설명해야만 합니다.:

- 예수님은 유대인이자 갈릴리 사람이셨다는 사실을 반복적으로 알림으로
- 주변인들과 배척받는 사람들을 존중하셨다는 사실을 확증함으로
- 오순절 성령의 이름으로, 단일 문화나 언어와 복음을 일치시키려는 어떤 시도들도 거절함으로
- 복음의 권능을 젊은이들과 약자들의 죄에만 국한하지 않고, 안락함의 죄악까지 포함함으로
- 우리들의 세계 범주 바깥에서 역사 하시는 하나님을 바라보며 축하함으로

복음은 평화사역의 윤리 혹은 평화로운 상태를 유지하는 것을 암시한다거나 단순히 비폭력적인 삶을 이끌려는 것이 아닙니다. 복음은 세상의 화해된 조망view을 선포합니다. 이에 대해 바울은 에베소서에 대한 필립스 번역본에서 다음과 같이 말합니다.:

그분은 십자가에서 그 한 몸 희생하심으로 그들 사이의 원수 된 것을 허무셔서 유대인과 헬라인, 내부인과 주변인들 모두를 하나님과 화해시

키셨습니다. 그리고 그분은 하나님으로부터 멀리 있던 여러분주변인들과 이방인들과 가까이 있던 우리내부인들, 유대인들에게 오셔서 전쟁이 종식되었음을 알리셨습니다. 엡2:14.17

전쟁이 죄라는 사실이 아닌 바로 위의 말씀이야말로 복음입니다. 물론 전쟁이 죄라는 사실을 알리는 것도 복음의 일부일 수는 있겠지만, 그 자체로는 복음이 아닙니다. 복음은 전쟁이 종료되었음에 대한 것입니다. 단순히 당신이 당신의 원수를 사랑해야 한다는 것이 아닙니다. 만일 당신이 거듭남의 체험을 하기만 한다면, 당신의 증오심의 일부는 사라지고 당신은 이제 사랑을 할 수 있게 됨을 의미하지도 않습니다. 복음은 당신이 원수를 사랑으로 잘 다룬다면, 그들 중 몇몇은 당신의 친구가 될 것이라는 것을 의미하지도 않습니다. 복음은 하나님께서 사랑받는 모든 사람이 나의 사랑을 받는 자가 됨을 의미합니다. 비록 그들이 여전히 나를 그들의 적으로 규정하고 있으며, 여전히 그들의 이해가 나의 그것과 충돌한다 한들 말입니다.

"누구든지 그리스도 안에 있으면NEB 번역본은 이를 바르게 번역하고 있습니다, 거기에는 전적으로 새로운 세상이 있다."고후5:17 전도는 새로운 감정, 새로운 사상, 혹은 새로운 자기 이미지를 가질 것에 대한 요청이 아닙니다. 그것은 새로운 세상을 발견하고 받아들이는 것을 의미합니다. 그것이 "그 의가 서기관과 바리새인의 그것보다 크다"의 바른 의미이자 오늘 설교 제목이 의미하는 "그들보다 더하는 것이 무엇이냐"의 참 의미입니다. 그것은 단순히 더 높은 도덕적 요청의 문제가 아닙니다. 교회는 이미 도덕적 요청에서는 좋은 모습을 보이는 편입니다. 복음은 더 큰 요청의 문제가 아닌 더 많은 공급에 대한 것입니다. 즉 [하나님의] 은혜가

뭇 사람들을 하나님의 자녀로 부르심으로 이미 어떤 일을 이루었고, 무엇을 하기를 원하는가에 대한 것입니다.

우리 중 어떤 분들은 전도와 교회 갱신의 문제는 전적으로 성서의 권위에 대한 핵심적 질문에 달렸다고 생각합니다. 어떤 분들은 모든 것은 살아계신 성령님의 임재를 재발견하는 데 있다고 생각할 것입니다. 어떤 분들은 모든 것은 목회에 대한 우리의 관점을 명료하게 하거나, 집단 과정에서 섬세함을 배우거나, 새로운 유형의 기독교 교육을 받는 일에 달렸다고 생각합니다. 이 모든 것은 틀린 말은 아닐 것입니다. 이 모든 것은 신약 성서를 통해 우리에게 제시되었고, 요구되는 사항들입니다. 이들 가운데 어느 하나가 빠진다면, 복음은 거짓이 될 것입니다.

그러나 여전히 거기에는 부족한 무엇이 있습니다:

어느 나라, 어느 문화에 속한 사람들이건

그들의 형제·자매들을 문안하며,

선을 위해 돈을 빌려주며,

그들의 가족들을 부양하며,

그들의 운동을 위해 회심자들을 모읍니다.

그러나 여러분의 사랑은 반드시 복음이어야 합니다.

여러분의 도움은 반듯이 은혜이어야 합니다.

적대감에 대한 여러분의 반응은 반드시 화해이어야 합니다.

여러분의 운동은 외부 지향적이어야 합니다.

여러분의 복음으로의 초청은 새로운 삶에 대한 것이어야 합니다.

왜냐구요?

그것이 본래의 길이며, 그것이야말로 좋은 소식이기 때문입니다.

그것이 하나님이 존재하시는 길입니다.

이 장은 1976년 미네아폴리스 프로브에서 강
연했고, 1977년에 「메노나이트 라이프」에 기
고했다.

5장 네 아우의 핏소리

그가 또 가인의 아우 아벨을 낳았는데 아벨은 양 치는 자이었고 가인은 농사하는 자이었더라. 세월이 지난 후에 가인은 땅의 소산으로 제물을 삼아 여호와께 드렸고 아벨은 자기도 양의 첫 새끼와 그 기름으로 드렸더니 여호와께서 아벨과 그 제물은 열납하셨으나 가인과 그 제물은 열납하지 아니하신지라. 가인이 심히 분하여 안색이 변하니 여호와께서 가인에게 이르시되 네가 분하여 함은 어찜이며 안색이 변함은 어찜이뇨. 네가 선을 행하면 어찌 낯을 들지 못하겠느냐. 선을 행치 아니하면 죄가 문에 엎드리느니라. 죄의 소원은 네게 있으나 너는 죄를 다스릴찌니라. 가인이 그 아우 아벨에게 고하니라. 그 후 그들이 들에 있을 때에 가인이 그 아우 아벨을 쳐 죽이니라. 여호와께서 가인에게 이르시되 네 아우 아벨이 이디 있느냐. 그가 가로되 내가 알지 못하나이다. 내가 내 아우를 지키는 자니이까. 가라사대 네가 무엇을 하였느냐. 네 아우의 핏소리가 땅에서부터 내게 호소하느니라. 땅이 그 입을 벌려 네 손에서부터 네 아우의 피를 받았은즉 네가 땅에서 저주를 받으리니 네가 밭 갈아도 땅이 다시는 그 효력을 네게 주지 아니할 것이요, 너는 땅에서 피하며 유리하는 자가 되리라. 가인이 여호와께 고하되 내 죄벌이 너무 중하여 견딜 수 없나이다. 주께서 오늘 이 지면에서 나를 쫓아내시온즉 내가 주의 낯을 뵈옵지 못하리니 내가 땅에서 피하며 유리하는 자가 될찌라. 무릇 나를 만나는 자가 나를 죽이겠나이다. 여호와께서 그에게 이르시되 그렇지 않다. 가인을 죽이는 자는 벌을 칠배나 받으리라 하시고 가인에게 표를 주사 만나는 누구에게든지 죽임을 면케 하시니라. 가인이 여호와의 앞을 떠나 나가 에덴 동편 놋 땅에 거하였더니. 창 4:2-16

이 이야기 가운데는 우리가 알고 싶어하는, 그러나 결코 다 알 수 없을 수많은 질문이 있습니다. 가인과 아벨은 도대체 어떻게 하나님께 제물을 바치겠다는 생각을 하게 된 것일까요? 왜 가인의 제물은 받으시지 않으셨을까요? 그는 자신이 바친 제물을 하나님께서 기쁘게 받지 않으신 사실을 어떻게 알았을까요? 제물이 받아들여지지 않은 것은 그가 잘못된 태도를 보이고 있었기 때문은 아니었을 것입니다. 우리는 가인이 분노했다는 내용이 아닌, 가인이 제물을 가져왔다는 이야기를 들었을 뿐입니다.

분명히 우리가 알고 싶어하는 더욱더 심오한 질문들도 있을 것입니다만, 그것은 이 장의 목적이 아닙니다. 문명의 역사를 통해 목동들과 농부들은 줄곧 갈등을 겪어왔습니다. 시골과 도시 사이에도 항상 갈등이 있었습니다. 가인은 농사일을 버리고 도시를 세웠습니다. 그의 후손들은 금속 노동자들이고 음악가들이었습니다. 분명히 창세기의 저자는 이러한 사실들이 어떻게든 서로 연관된다고 보고 있습니다. 그러나 우리는 본문에 나타난 삶과 죽음의 주제에 국한하여 내용을 살펴볼 것입니다.

　인간 사회의 역사는 무고한 피 흘림으로 시작되었습니다. 역사 속의 인간은 선천적으로 희생자이며 살인자입니다. 우리가 우리 자신을 사회적으로 알기 시작할 때, 우리가 우리 자신이 사회적 동물임을 알기 시작할 때, 우리는 우리 자신에게 사회적인 죄가 있음을 압니다. 우리는 인간과 그들의 자연환경 간의 조화가 불안한 사실을 알고 있습니다. 그 땅으로부터 핏소리가 울부짖고 있습니다. 인간생활의 안전이 위태롭습니다. 가인은 그를 본 사람들이 그를 죽이리라고 불만을 토로합니다. 금속 노동과 음악의 대표적 기술을 갖춘 도시화는 인간이 연합된 모습이라거나 화해의 모습으로서가 아니라 상호소원함estrangement으로 그 극치를 이루고 있습니다. 도시는 마을이 확장된 결과물이 아닙니다. 도시는 한 도망자에 의해 만들어졌습니다. 여기서부터 우리는 문화의 신학에 대한 전체 이야기를 드러낼 수 있습니다.

　하나님께서 당신의 창조세계의 평화에 반하는 가인의 공격에 반응하실 때, 그분은 어떤 공고나 법령으로 하지 않으셨습니다. 그분은 단지 질문하셨습니다. "네 아우가 어디 있느냐?" 오늘 창세기 본문의 첫 장에서는 하나님께서 "아담아, 네가 어디 있느냐?"라고 물으실 때 아담이 부끄러워했음을 볼 수 있습니다. 오늘 본문에서는 가인은 그 형제를 죽이고 달아나 아무도 알지 못하는 곳으로 가고자 생각했습니다. 이제 하나님은 그 형제에 대해 물으십니다. 아담은 여자에게 책임을 전과하면서 답했습니다. 가인은 이보다 더 건방집니다. "저는 목자 중의 목자가 아니던가요?" 하나님의 질문은 모든 경우에서 인간으로 하여금 죄책감으로 답하게 함으로 죄를 드러냅니다.

하나님의 질문은 사실을 드러내기에 충분합니다. 하나님은 다른 어떤 새로운 정보를 전해주시지 않습니다. 그분은 가인을 찾으셨고 이에 실상이 드러납니다.

가라사대 네가 무엇을 하였느냐. 네 아우의 핏소리가 땅에서부터 내게 호소하느니라. 땅이 그 입을 벌려 네 손에서부터 네 아우의 피를 받았은즉 네가 땅에서 저주를 받으리니창4:10-11

가인의 죄는 하나님께서 선포하거나 평가하신 것이 아니었습니다. 우리는 여기서 몇 가지 배워야 할 것들이 있습니다. 어떤 분들은 현 사회가 종교에 대해 얕은 지식과 감수성을 가진 것을 보며 "세속화"에 대해 깊이 우려를 표하고 있습니다. 우리는 다음과 같이 물을 것입니다. 어떻게 그 어떤 종교적 배경도 없이 사람들이 종교적 메시지를 들을 수 있는가? 어떻게 평화 교회의 배경이 없는 가운데 전쟁의 사악함에 대해 염려할 수 있기를 기대하는가? 아무도 그들이 깨뜨린 규율에 대해 말해주지 않는다면, 그 누가 죄인 됨을 알 수 있겠는가?

이러한 질문들에 대한 일부 답변들이 여기 있습니다. 그 형제·자매가 어디 있는가를 한 사람에게 물을 때, 그 대답은 죄를 노출합니다. 인간의 상황들 속으로 들어가 그 형제·자매들을 찾을 때, 여러분이 그와 같이 그들에 대해 물을 때, 그들의 핏소리는 땅에서 울려날 것입니다.

우리에게 인종 간의 문제를 해결하기 위한 완벽한 이론이 필요한 것이 아닙니다. 그저 도시 빈민가ghetto를 들여다보시기 바랍니다. 단지 "네 형제가 어디 있느냐?"라고 물으시는 하나님의 질문에 귀 기울이신다면, 여러분은 "그것이 나와 무슨 상관입니까?"라고 반문하는 가인의 질문을 여러분 자신의 대답에서 들을 수 있을 것입니다. 베트남전에 대한 1960년대의 완벽한 신문기사 정보나, 어떻게 미국이 이러한 분쟁에 참여하게 되었는가의 이해가 필요한 것이 아닙니다. 우리의 형제·자매들에 대해 묻는 것만으로 충분합니다. 그것으로 우리는 우리가 행한 것을 감출 수 없음을 알고 있습니다.

가인이 그 아우를 등졌을 때, 그는 건강한 사회의 가능성을 무너뜨린 것입니다.

> 너는 땅에서 피하며 유리하는 자가 되리라 가인이 여호와께 고하되 내 죄벌이 너무 중하여 견딜 수 없나이다 주께서 오늘 이 지면에서 나를 쫓아내시온즉 내가 주의 낯을 뵈옵지 못하리니 내가 땅에서 피하며 유리하는 자가 될찌라 무릇 나를 만나는 자가 나를 죽이겠나이다 창 4:12b-14

이제 건강한 사회는 복수에 기초한 사회로 변질하였습니다. 물론 여전히 이것은 아무것도 아니나 창세 전의 혼란보다는 낫다고 볼 수 있을지 모릅니다. 하나님은 가인에게 표sign를 주셨고, 누구든 그를 죽이려 하는 자는 보복을 당할 것이라는 위협적인 보호 아래 그 삶이 지속하게 하셨습니다.

그러나 그렇다고 보복이 그렇게 쉽게 사라지지 않습니다. 실제로 곧 이어지는 이야기는 이 점을 말해주고 있습니다. 비록 보복으로부터 하나님은 가인을 칠 배까지 보호할 것을 약속하고 있지만, 라멕은 그 자신이 스스로 칠십칠 배의 보복을 함으로 기뻐합니다. 이 본문 이외에는 성서 어디서도 실행된 바 없는 하나님의 위협적인 보호의 약속은 이제 라멕의 자부심이 됩니다.

이것이야말로 오늘날의 방식이 아니겠습니까? 우리 문화는 누구나 자기방어의 권리를 갖고 있습니다. 실제로나 기본적인 도덕률에서 우리 문화는 그 누군가가 나를 위협할 때, 그를 제거하는 것을 고려할 수 있게 합니다. 물론 우리 대부분은 그렇게까지 하지는 않습니다. 그러나 결코 그렇게 하지 않는다거나 그런 생각들을 고려하지조차 않는 경우란 없습니다.

종종 이러한 앙갚음retaliation이나 억제deterrence는 위협이나 상대방의 선제공격에 대해 추론될 수 있는 정당성justification에 의해 그 실행 여부가 가려집니다. 가인은 자신이 그럴만한 이유가 있다고 생각했습니다. 곧 하나님의 총애를 받음에서 아벨은 자신의 경쟁자라는 것이지요. 그 결과로 우리는 자기 방어의 권리를 갖는 것을 배웠고 이제 누구도 전적으로 신뢰할 수 없게 되어 버렸습니다. 우리는 상호신뢰에 의해 보호받지 않고, 상호 두려움에 의해 보호받을 뿐입니다. 즉 우리는 보복은 공격보다 더 악하다는 지식에 기초해서 상대에게 더는 악하게 굴지 않을 뿐입니다.

이런 방식은 여전히 유효한 보호의 방법입니다. 사람 대부분이 안전을 경험합니다. 일반적으로 그들은 비록 그것이 폭군이거나 보복적인 정부라 할지라도, 아무것도 없는 것보다는 자신들의 정부가 존재하는 것을 더 안전하다고 여깁니다.

그러나 정당화된 정부의 폭력은 항상 악용의 여지가 있습니다. 가인에 대한 보호가 라멕의 잔혹함으로 변질한 것처럼, 우리의 정부가 우리의 보호자라는 주장은 더는 통제할 수 없는 파멸이라는 심각한 위협으로 변질하기 쉽습니다. 이에 대한 명백한 예는 우리가 지나왔던 1960년대의 삶에 있습니다. 베트남의 붕괴에 대한 가장 적절한 근거는 그들의 초대 없이도, 그 나라의 백성을 위한 자결권을 지키겠다는 정당화된 주장에서 비롯된 것입니다.

아벨의 피를 받은 곳도 땅이었고, 가인에 대한 저주를 한 곳도 땅에서였습니다. 인간 상호 간의 폭력은 자연과의 관계를 파괴합니다. 창세기에서 하나님께 대한 죄악, 생명나무에 대한 오용은 에덴동산에서의 추방으로 이어졌고, 현대의 대지의 비옥함은 인간 사이의 적대감에 의해 위협을 받고 있습니다. 우리는 종종 우리 사회가 자연에 얼마나 의존적인가를, 즉 토질의 모양새와 눈 혹은 홍수 따위가 얼마나 우리의 참살이 well-being에 영향을 주는가를 깨닫곤 합니다. 하지만, 우리는 좀처럼 우리의 땅이 문명의 이름으로 얼마나 많이 남용되고 훼손되었는가에 대해서는 적절히 분석하려 하지 않습니다. 가인이 처음 행했던 경작cultivation 이라는 말에서 알 수 있듯이, 그것은 문화의 첫 형태입니다. 비옥한 대지를 개발하려면 농부와 대지 사이에 수년간의 협력이 필요합니다. 농부는 그 과정을 통해 어떻게 재배하며, 어떻게 토양과 달력에 곡물들을 적응시킬 것인가를 배웁니다. 가인은 그 아우의 생명을 해하지 않을 만한 신뢰를 못 보여준다는 점에서 농부일 수 없습니다. 우리가 계속 도시의 담장에 피난처를 삼고 살아가야만 한다면, 우리는 결코 우리의 대지로 나가 일할 수 없습니다.

이미 살펴본 대로 보복의 범죄가 악화하듯, 이러한 [자연에 대한] 범죄는 더욱 악화합니다. 동남아시아의 자연에 미국이 고엽제와 제초제,

폭탄과 불도저로 자행한 만행은 그 파괴력에서 전례가 없었습니다. 하지만, 자연이 희생양victim이라는 사실은 새로운 이야기가 아닙니다. 30년 전쟁은 수세대에 걸쳐 서부 유럽의 일부 지역을 불모지로 만들었습니다. 십자군 전쟁은 중동에서 똑같은 결과를 가져왔습니다. 미전투함 대포의 요격으로 베이루트의 언덕 역시 같은 결과를 맛보았습니다. 전쟁은 언제나 강탈과 초토화를 의미합니다. 생태계에 대한 대량 핵실험의 결과는 그 강도 면에서는 새롭다고 할 수 있지만, 우리는 줄곧 우리 이웃을 괴롭힘으로 연약한 지구에 고통을 가해왔습니다.

이것은 가인의 저주가 일반적으로 확장된 모습입니다. 특히 복수의 연쇄사슬로부터 보호받는 가인에게 주어진 표에 대한 확장이라고 할 수 있습니다. 무정부주의가 자연을 파괴하고 사회적 평화의 가능성을 파멸시키는 것이 아닙니다. 정도를 넘어선 정부야말로 이에 대한 책임이 있습니다. 우리를 죽음으로 몰아넣는 것은 야만성이 아닌 문명입니다. 창세기의 서사saga는 그러한 사실은 명백히 보여주고 있습니다. 이처럼 집단학살genocide과 생태계 파괴ecodice는 서로 맞물려 있습니다. 하나님을 향해 우리 형제들의 피 흘림이 울부짖습니다. 그런 땅에서 우리는 우리의 형제들과 함께 살 수 없습니다. 도대체 우리가 잃어버린 피조세계와 무엇을 할 수 있단 말입니까? 여러분이라면 무엇을 하시겠습니까? 여러분이 하나님이라면 무엇을 시도할 수 있을까요?

이에 대한 공공연한 답변은 잃어버린 창조세계를 구원하려면 하나님께서 가인에게 했던 것을 더욱더 많이 행해야 하며, 그것을 더욱 나은 모습으로 신중하며 효과적으로 진행해야 한다는 것일 것입니다. 함무라비와 모세가 한 것처럼, 우리는 정의를 눈에는 눈, 이에는 이의 방식으로 정의해야 합니다. 우리는 모세가 재판장들을 세우듯 조직을 만들어

야 합니다. 우리는 로마서 13장에서 하듯이 이에 대한 신학을 정립해야
합니다. 우리는 정당한 전쟁의 교리를 합법화하듯이 폭력의 범위를 합
법화해야 할 것입니다. 우리는 민주주의에서 그러하듯, 이 모든 것을 집
행하는 대리인들의 합법성을 증명해야 합니다. 우리는 유엔을 통해 시
도하듯, 이에 대한 사법권을 확장해야만 합니다.

하지만, 이 모든 것은 없는 것보다는 나을지 모르지만, 결코 우리를
구원해 주지 못합니다. 오히려 이러한 방식들은 더욱 큰 확전escalation
의 빌미만을 제공할 것입니다. 라멕이 보복의 가치를 절대화한 것처럼,
같은 조건에서 우리는 자신의 행동을 절대화하기 때문입니다. 우리가
전쟁종식을 위해서나 민주주의적 세상을 안전하게 만들려고 전쟁을 감
행할 때, 베트남을 구하려고 전쟁을 치를 때, 혹은 레바논에서의 해병이
나 와이오밍에서 미사일이 평화를 지켜주노라 말할 때, 그러한 교정적
이며 방어적인 방식들은 그 자체가 문제가 될 것임이 명백합니다.

그렇다면, 어떤 다른 대안이 가능할까요? 다른 어떤 것을 하나님께서
하실 수 있을까요? 만일 여러분이 하나님이라면 어떻게 하시겠습니까?
보복의 악순환을 끊을 만큼 강한 그 무엇을 위해 어떤 조처를 해야 할까
요?

하나님의 선택은 약한 것을 통해서였습니다. 하나님의 궁극적인 선
택은 아벨의 모델을 통해 일하시는 것이었습니다.

히브리서 11장에서 소개되는 하나님께 순종하며 하나님을 신뢰했던
믿음의 사람들의 명단에서 그 머리 역할을 하는 이가 바로 아벨입니다.
거기 소개되는 모든 믿음의 사람들은 하나님의 목적을 위해 위험을 감
수한 이들이었습니다. 이들 이야기는 하나님의 우선순위가 무엇인지를
보여주고 있고, 믿음의 영웅들은 이에 막중한 사명을 맡고 있습니다. 이

것이 히브리 역사를 읽는 새롭고 독창적인 방식은 아닙니다. 예수님도 이미 거룩한 순교의 긴 족보에 대한 오랜 전통을 반복하셨습니다. 예수님의 죽음도 결코 새로운 발상이 아닙니다. 예수의 죽음은 의식ritual이라거나 우리를 구원하기 위한 요건으로 하나님께서 불러주는 임의적인 칙령decree이 아닙니다. 하나님께서는 인간 역사의 시작부터 그와 같은 방식으로 일해 오셨습니다. 하나님을 신뢰하는 자들은 그들의 미래를 보장받고자 자신의 힘이나 보복 따위에 의존하지 않았고 오직 하나님을 의지함으로 항상 고통을 감수해왔습니다.

거룩한 순교자들의 명단을 종결짓는 분히12:2으로서 예수님의 경우가 새롭고, 그분에 의해 일단락된 것이 있다면, 그것은 이미 거룩한 선지자들과 순교자들에 의해 준비된바, 이제 그리스도의 부활에 의해 확증된 선포에 있습니다. 즉 하나님의 편은 아벨의 편이라는 것입니다. 히브리어로 "아벨"은 먼지, 안개, 덧없음을 의미합니다. 그것은 그의 운명과 걸맞은 뜻이었습니다. 그러나 하나님께서는 아벨의 길에서 함께하실 것을 선택하십니다. 하나님은 약자의 길을 택하신 것입니다.

아벨은 그가 흔히 말하듯 법 없이도 살 사람이라는 차원을 넘어선 의미에서의 결백innocent한 자였습니다. 그는 또한 의심하지 않았고, 순전했으며, 해를 끼치지 않는, 기꺼이 그의 형을 신뢰하고자 하는 자였습니다. 이러한 아벨의 신뢰는 그 형이 믿을만한 자였기 때문에 근거한 것이 아니었습니다. 그는 하나님을 신뢰했습니다. 이에 히브리서의 기자는 다음과 같이 전합니다. "저가 죽었으나 그 믿음으로써 오히려 말하느니라."히11:4c 아벨의 위치는 의미심장합니다. 죽음을 넘어 말하는 그런 자리에서 하나님은 서 계십니다. 하나님은 가인의 힘으로, 혹은 그 도시건설을 보호하는 억제책으로서의 보복을 통한 세상 구원을 택하지 않으셨습니다. 하나님은 아벨의 연약함을 택하셨습니다.

이제 우리는 요한일서 1장을 읽을 준비가 된 것 같습니다:

> 우리가 서로 사랑할지니 이는 너희가 처음부터 들은 소식이라 가인 같
> 이 하지 말라 저는 악한 자에게 속하여 그 아우를 죽였으니 어쩐 연고
> 로 죽였느뇨 자기의 행위는 악하고 그 아우의 행위는 의로움이니라 형
> 제들아 세상이 너희를 미워하거든 이상히 여기지 말라 우리가 형제를
> 사랑함으로 사망에서 옮겨 생명으로 들어간 줄을 알거니와 사랑치 아
> 니하는 자는 사망에 거하느니라 그 형제를 미워하는 자마다 살인하는
> 자니 살인하는 자마다 영생이 그 속에 거하지 아니하는 것을 너희가
> 아는 바라 그가 우리를 위하여 목숨을 버리셨으니 우리가 이로써 사랑
> 을 알고 우리도 형제들을 위하여 목숨을 버리는 것이 마땅하니라요일
> 3:11-16

이 본문은 옳고 그름의 목록에서 발견될만한 단순한 옳고 그름의 가
르침보다 훨씬 큰 틀에서 폭력, 살인, 전쟁의 질문을 다루고 있습니다.
평화 교회 전통의 정체성이나, 이러 저러한 사회적 전략에 의해 보호받
는 사회적 가치에 대한 논의, 혹은 저항 혹은 사회적 변화를 위한 특정
한 기술의 유용성보다도, 훨씬 더 근본적인 것이 위태로운 상황에 부닥
쳐 있는데 그것은 바로 하나님의 정체성, 그분 안에서의 우리의 정체성
입니다.

요한의 서신은 세상에는 두 가지 유형의 모델이 있음을 말해 주고 있
습니다. 그 중 하나는 죽이는 것이 방어가 되는 가인과 같은 유형이고,
다른 하나는 그 형제를 위해 그 삶을 내어주는 예수의 유형입니다. 여러

분은 둘 중 하나를 따를 수 있습니다. 아벨에서부터 시작되는 (히 11:4) 믿음의 사람들의 목록은 예수님까지 와서 다음과 같이 결말지어지고 있습니다. "저는 그 앞에 있는 즐거움을 위하여 십자가를 참으사 부끄러움을 개의치 아니하시더니" 히12:2

이에 대한 우리의 자연스런 반응은 결론을 맺지 못한 논쟁이 되고 맙니다. "십자가"는 무엇을 의미한단 말입니까? 우리는 그것으로 무엇을 해야만 할까요? 우리는 무엇을 이루어야 합니까? 어떻게 하면 그것을 잘할 수 있을까요? 우리는 위험을 감수하기 전에 그것이 어떻게 작동하는지 알아야 하지 않을까요? 어떤 위험이 기꺼이 감수할만한 것일까요? 거기에는 자신을 위한 관심self concern을 정당화해 주는 것은 없나요? 우리는 때론 자기 자신을 방어해야 하지 않을까요? 사회를 사랑의 힘만으로 관리하는 일이 과연 가능할까요?

이와 같은 많은 논의와 질문들이 가능할 것입니다. 이에 대한 답변들 역시 초교파적인 논쟁을 통해, 신학교 강의를 통해, 폭력과 사회적 가치에 대한 이론을 다루는 책 등을 통해 여러 방면에서 여러 형태로 답변될 수 있습니다. 그러나 성서의 저자들은 그러한 질문들 자체에 관심을 두고 있지 않습니다.

예수님을 따르는 권리를 행사하기 위해 마땅히 치러야 할 대가에 대해서 우리는 어떻게 확신을 할 수 있을까요? 아벨의 위치는 어떻게 확신할 수 있단 말입니까? 성서는 "믿음으로"라고 답하고 있습니다. 그는 실패자로, 무고한 희생자로 죽었지만, "그 믿음으로써 오히려 말합니다.". 우리는 순교자의 피울음이 종종 그가 살았을 때보다 더 강하게 말해 준다는 사실을 압니다.

아브라함은 순종이 가치가 있다는 사실을 어떻게 알았을까요? 성서는 역시 이에 대해 "믿음으로"라고 답합니다. 그는 갈대아를 떠나 하나님만이 아시는 곳으로 나아갔습니다. 그리고 그는 실제로 거기에 도달하지 못했습니다. 대신 그는 많은 후손과 그가 집적 짓지 않은 도시를 약속받았습니다. 예수님은 어떻게 십자가의 순종의 가치를 아셨을까요? 성서는 "믿음으로"라고 말합니다. "그 앞에 있는 즐거움을 위하여 십자가를 참으사 부끄러움을 개의치 아니하시더니"

성서의 저자들은 평화의 증인들이 어떻게 세상으로부터 효과적인 경청을 이끌어내며, 세상을 개혁하며, 어떻게 하면 비평화주의자들에게 존중받을 수 있는지를 알려 하지 않습니다. 성서의 저자들은 정확히 어떤 시점에서 세상에 대해 값진 저항을 시작해야 하는가를 알려주는데 관심이 있지 않았습니다. 예를 들어 저항의 시점이 징병 등록의 때인지, 혹은 군 복무 기간 중이어야 하는지, 혹은 누군가를 죽이는 시점인지에 대해 성서는 설명해 주지 않습니다. 그러나 우리와 마찬가지로 초기의 신앙인들도 그러한 문제들을 안고 살아갔습니다. 모든 시대에 걸쳐 그러한 문제들은 있었습니다. 그때마다 그들이 찾아낸 답들은 우리가 생각하는 것 이상으로 우리에게 도움을 줄 것입니다. 하지만, 그것이 지금 히브리서와 요한일서의 관심사는 아니라는 것입니다. 성서의 증인들은 단순한 믿음으로 초대합니다. 그것은 다른 사람들은 믿으려 하지 않는 상황에서의 진정한 믿음에 관한 것입니다. 그것은 사실 여부가 증명되지 않은 것에 대한 믿음의 초대입니다. 하나님께서 우리 가운데 일하실 때 그분은 아벨의 편을 드신다는 믿음, 그분은 예수의 모습을 취하신다는 믿음, 그분은 다른 사람을 위해 기꺼이 자신을 내어주신다는 믿음, 그리고 무엇보다 그것이 권능이 있다는 것에 대한 믿음입니다. "믿음이 없이는 기쁘시게 못하나니 하나님께 나아가는 자는 반드시 그가 계신

것과 또한 그가 자기를 찾는 자들에게 상 주시는 이심을 믿어야 할찌니라”히11:6

저는 오랜 시간 동안 왜 많은 평화 교회의 그리스도인들이 “평화의 증인들”이라는 부르심에 대해서는 전적으로 거절하지는 않으면서도, 그들과 다른 사람들에게는 이에 대해 말하기를 주저하며 그들과 비슷하게 생각하는 다른 배경의 사람들과는 좀처럼 동일시하기를 주저하는지를 이해하려 노력해 왔습니다.

좋은 소식은 하나님은 여러분을 사랑하고, 당신을 용서할 것이라는 사실입니다. 반대로 나쁜 소식은 하나님은 여러분이 여러분의 적을 사랑하지 않는다면 그와 마찬가지로 여러분을 오래도록 사랑하시지는 않으실 것이라는데 있습니다. 이에 우리는 우리를 사랑하는 하나님의 좋은 소식과 다른 사람을 사랑하도록 요청받는 나쁜 소식을 어떻게 연결할지를 긴 대화를 갖고, 연구 모임을 갖기도 합니다. 그것은 법도가 있는 은혜라 할 수 있는데, 곧 우리가 순종해야만 하는 고압적인 주님이시자, 우리를 한없이 용서하시는 온화한 구세주이신 그리스도에 대한 것입니다. 미국의 문화에 길든 종교의 필터를 통해서 들은 복음이 아니라 신약성서로부터 들은 복음이라면 사람들은 그 복음을 거부했을 것이라는 냉소적인 농담이 있습니다. 그리스도 안에 계신 하나님이야말로 복음입니다. 아벨을 편을 드시고 자신을 내어주신 그리스도 안에 계신 하나님이야말로 복음입니다. 우리가 하나님의 자녀라는 것은 우리가 하나님의 그러한 본성과 자신을 내어주는 행동을 나누어 가지는 것이며, 그것이 우리에게 있어 “좋은” 소식입니다. 그렇게 하는 것은 도덕적으로 하찮은 일drudgery이나, 교단적인 차별성, 정부나 생명을 죽이는 일에 대한 증거가 되는 특정 본문에 대한 논쟁이 될만한 해석을 따르는 일처럼 어렵지 않습니다. 이웃을 사랑하는 일은, 심지어 그 원수 된 이웃을 사랑하는 일은 그 자체가 하나님의 사랑의 선물입니다. 그것은 하나님의 본성입니다. "사랑하는 자들아 우리가 지금은 하나님의 자녀라 장래에 어떻게 될 것은 아직 나타나지 아니하였으나 그가 나타내심이 되면 우리가 그와 같을 줄을 아는 것은 그의 계신 그대로 볼 것을 인함이니" 요일3:2

자 이제 오늘 말씀의 이해를 돕도록 우리가 한 가지 더 짚어볼 것이 남아있습니다. 아벨이 죽었다면 우리가 아벨에 대해 어떻게 알 수 있는 것일까요? 예수님께서 죽으셨다면 우리는 그분에 대해 어떻게 알 수 있는 것일까요? 믿음이라는 것은 일종의 영적 미용 체조와 같이 우리의 영에 의해서 자체적으로 유지 혹은 관리되는 내적 현상에 불과한 것일까요? 절대 그렇지 않습니다. 믿음은 공동체에 의해 함께 나누어지며 지지받습니다. 그것은 세상에 의해서라거나, 상식에 의해서, 혹은 자연의 증거에 의해서가 아닌 함께하는 신앙의 사람들을 통해 가능한 것입니다. 이에 "구름 같은 증인들"에 대한 언급으로 시작되는 히브리서 12장은 모든 세대에 걸친 믿는 자들의 천국 잔치의 비전으로까지 나아가는 것입니다:

너희의 이른 곳은 만질만한 불붙는 산과 흑운과 흑암과 폭풍과 나팔 소리와 말하는 소리가 아니라…. 그러나 너희가 이른 곳은 시온 산과 살아계신 하나님의 도성인 하늘의 예루살렘과 천만 천사와 하늘에 기록한 장자들의 총회와 교회와 만민의 심판자이신 하나님과 및 온전케 된 의인의 영들과 새 언약의 중보이신 예수와 및 아벨의 피보다 더 낫게 말하는 뿌린 피니라 히12:18-24

이제 우리는 다시 핏소리으로 돌아왔습니다. 우리가 죽인 우리 형제의 핏소리는 그 살인자에 대해, 그 압제자에 대해 울부짖습니다. 우리가 속한 정부는 문화 그 중심에서부터 썩었습니다. 가인이 그 쫓아오는 핏소리로부터 도망하여 보복이 보복을 낳는 악순환 속에 피난처를 삼는 한 말입니다.

그러나 하나님이 아벨의 편이시며, 압제 받는 자와 흑인과 베트남인들과 니카라과인의 편이라는 것을 보는 법을 배운다면……. 함께 우리가 선지자와 마찬가지로 고통받는 하나님의 종이야말로 진정 하나님이 원하시는 다윗과 솔로몬을 대체하는 리더라는 사실을 볼 수만 있다면…. 만일 요단강과 광야에 계셨던 예수님과 더불어 우리가 이스라엘을 구원하기 위한 하나님의 방법으로서의 고통받는 종의 모습을 볼 수만 있다면…. 만일 베드로와 바울과 요한과 함께 우리가 하나님은 그리스도 안에 계셔서 세상에 그 자신을 내어주심으로 이스라엘을 구원하신 분이시라 말할 수 있다면…. 만일 가인의 자리에서 예수님의 자리로 옮길 수만 있다면…. 만일 우리가 다른 것들과 함께 우리의 정당화된 방어막을 내려놓을 수만 있다면…….

그렇게 된다면, 우리의 죄를 상징하며, 지구에 대한 저주를 상징하며, 사회 속에서의 신뢰의 종결을 상징하는 표였던 그 똑같은 피 흘림은 이제 우리가 구속받은 표가 될 것입니다. 이제 우리의 형제 되신 장자 예수님의 피는 우리를 반박하지 않고, 우리를 위해 호소합니다. 그리스도 안에 계신 하나님이 그 적바로 우리 자신이었던을 사랑하신다면, 그리고 그것이 바로 좋은 소식이라면, 거기에는 더는 나쁜 소식은 없습니다. 그렇다면, 하나님 자녀로서의 우리의 원수사랑은 그 자체가 복음인 셈입니다. 우리에게 필요한 것은 이에 대한 믿음입니다.

86 선포된 평화-예수의 평화설교

인디아나 고센의 콜리지 메노나이트 교회에서
1972년 6월 25일에 전한 말씀이다.

6장 장막 안의 영광

하나님과 함께 계신 말씀

태초에 말씀이 계시니라 이 말씀이 하나님과 함께 계셨으니 이 말씀은
곧 하나님이시니라 그가 태초에 하나님과 함께 계셨고

말씀과 창조

만물이 그로 말미암아 지은바 되었으니 지은 것이 하나도 그가 없이는
된 것이 없느니라 그 안에 생명이 있었으니 이 생명은 사람들의 빛이
라 빛이 어둠에 비취되 어둠이 깨닫지 못하더라 하나님께로서 보내심
을 받은 사람이 났으니 이름은 요한이라 저가 증거하러 왔으니 곧 빛
에 대하여 증거하고 모든 사람으로 자기를 인하여 믿게 하려 함이라
그는 이 빛이 아니요 이 빛에 대하여 증거하러 온 자라 참빛 곧 세상에
와서 각 사람에게 비취는 빛이 있었나니

세상 속의 말씀

그가 세상에 계셨으며 세상은 그로 말미암아 지은 바 되었으되 세상이

그를 알지 못하였고 자기 땅에 오매 자기 백성이 영접지 아니하였으나 영접하는 자 곧 그 이름을 믿는 자들에게는 하나님의 자녀가 되는 권세를 주셨으니 이는 혈통으로나 육정으로나 사람의 뜻으로 나지 아니하고 오직 하나님께로서 난 자들이니라

우리 가운데 계신 말씀

말씀이 육신이 되어 우리 가운데 거하시매 우리가 그 영광을 보니 아버지의 독생자의 영광이요 은혜와 진리가 충만하더라 요한이 그에 대하여 증거하여 외쳐 가로되 내가 전에 말하기를 내 뒤에 오시는 이가 나보다 앞선 것은 나보다 먼저 계심이니라 한 것이 이 사람을 가리킴이라 하니라 우리가 다 그의 충만한데서 받으니 은혜 위에 은혜러라 율법은 모세로 말미암아 주신 것이요 은혜와 진리는 예수 그리스도로 말미암아 온 것이라 본래 하나님을 본 사람이 없으되 아버지 품속에 있는 독생하신 하나님이 나타내셨느니라요1:1-18

성서 어느 곳에서도 이보다 알기 쉬운 용어는 없을 것입니다. 본문은 우리가 전에 들어보지 못한 것을 말하고 있지 않습니다. 우리가 진정 지금 말씀을 바로 듣기 원한다면, 어떻게 계속 진행해 나가야 할까요?

문자적으로 본문이 본래 의도한 바를 연구하는 것이 우리들의 본업이라면, 우리는 먼저 주어진 본문의 문장들이 시인지 아닌지를 놓고 씨름하는 일을 피할 수 없을 것입니다. 어떻게 각 구절이 해석될까는 각 구절이 어떤 문학의 유형으로 쓰이었느냐와 부분적으로 연관이 있으니까요.

본문의 유형은 시로 여겨집니다. 문장들은 단순하고, 대부분 거의 같

은 길이를 갖고 있으며, 다양한 형태의 대치문parallelism으로 서로 맞물려 있고, 전 문장에서 매듭지어진 단어로 새로운 문장이 연이어 시작되고 있습니다.

비록 우리가 처음의 몇 문장들에서 시를 다루게 되겠지만, 본문의 일부 단락은 시의 형태가 아닙니다.6-9절, 15절, 17-18절 그렇다면, 우리는 2개 혹은 그 이상의 단계들이 본문의 집필과정에 있었다고 상상해 볼 수가 있습니다. 즉 복음서의 서막이 되는 과정에서 무엇보다 먼저 찬송이 있었고, 찬송에 대한 약간의 주석들이 쓰였습니다. 오늘날 대부분 학자는 원저자의 의도 가운데는 어떤 형태로든 시적 구조가 있었다고 믿습니다. 그러나 이것은 모두가 동의하는 관점이 아닙니다. 본문이 시라고 동의하는 학자들 가운데도 어떤 문장이 가장 오래된 것인가를 추정하는데 있어서는 의견일치를 보지 못하고 있습니다. 따라서 그러한 질문에 대해서는 제가 따로 답하지 않도록 하겠습니다.

본문에 대한 해석에서 두 번째로 도전이 되는 부분은 빛이 어둠을 비추지만 받아들여지지는 않은 것을 말하는 세 번째 단락10-12절의 의미라 할 수 있습니다. 어떤 시기에 대해 본문은 말하는 것일까요? 처음 두 절1-2절은 창조 이전과 관련되고, 그다음 구절들3-5절은 창조와, 마지막 구절들14절 이하은 성육신과 연관이 됩니다. 이러한 구분은 그 사이에 있는 구절들은 창조부터 그리스도까지의 길고 긴 이스라엘의 역사를 가리키는 것임을 연상케 합니다. 즉 빛이 존재하고, 빛을 발했지만, 결코 완전한 명료함 혹은 성공을 거두지 못했던 그 기간을 말입니다.

하지만, 이 세 번째 단락은 기독교 시대를 포함한 모든 세계 역사를 묘사하는 일종의 시간을 초월한 묘사라 할 수도 있습니다. 왜냐하면, 본문은 우리가 하나님의 자녀가 되는 가능성에 대해 말하고 있기 때문입니다. 그러나 그렇게만 본다면, 14절은 결코 새로운 국면이 될 수는 없을 것입니다.

우리는 이런 문학적 질문에 대해서도 답하지 않으며 본문을 진행해 나가야 합니다. 여기에 대해서는 한가지 이상의 바른 답들이 가능합니다. 찬송 혹은 낭송문으로 시작하는 본문이 복음서 저자가 본문을 기록하기 이전에 교회들에서 사용되었던, 다른 시대의 작품들에서 유래한 것이라면, 거기에는 찬송이 실제 교회 안에서 불렸느냐 혹은 본문 안에만 쓰인 것이냐에 따라 다른 정황 속에서의 다른 의미들이 추론될 수 있을 것입니다.

우리가 목적한 바를 위해서는 그러한 분석을 통해 배울 수 있는 것들을 배제해야 합니다. 우리는 본문을 단순한 리듬의 산문을 가진 통일된 글, 전체 복음서의 서문이 되는 글로 지금 우리 앞에 있다고 여길 것입니다. 이로 말미암아 우리는 작문이나 한 문장의 구조에 대해 더 알아서 배울 수 있는 것들을 놓칠지도 모릅니다. 그러나 우리는 다음의 내용을 알 때라야 서문에 던져진 빛을 얻게 될 것입니다.

즉 우리가 더는 "어떻게" 본문이 쓰였는지를 묻지 않기로 한다면, 이제 우리는 "왜"를 물어야 합니다. 모든 신약성서는 누군가를 대적하여 쓰이지 않았다는 말은 결코 과장이 아닙니다. 성서는 무례하게 쓰이지 않았습니다. 이 단순한 진술이야말로 우리를 본문의 핵심에 이르도록 준비시키는 최선의 길이 될 것입니다. 본문의 주제는 이른바 "성육신"육신이 되기 입니다. 그러나 이것은 추상적인 라틴 용어입니다. 이 단어의 의미는 하나님께서 전적으로 인간의 방식으로 행동하셨고, 주저하지 않고 당신 자신을 평범한 인간의 손에 맡기셨다는 것을 의미합니다. 그러나 그분의 임재하심의 정상적인 결과는, 즉 우리의 자비 안에 당신 자신을 던져 넣으신 분의 논리적으로 피할 수 없었던 결과는 오해misunder-standing였습니다. 그리고 그러한 오해가 없었다면, 교정과 균형과 질책을 요청하며, 신실한 메시지들의 본뜻에 대해 보다 정교함을 유발해줄 신약성서를 우리는 갖고 있지 않았을 것입니다.

몇몇 서신서에서 그러하듯, 종종 성서는 그 교정적인 면을 명쾌히 드러냅니다. 그러나 오늘 본문에서는 넌지시 그런 면이 드러나고 있습니다. 우리가 본문의 핵심을 바로 알기를 원한다면, 우리는 본문이 배격하는 바를 이해해야만 합니다. 실제로 우리가 진정 본문이 왜 쓰일 필요가 있었는가를 알기 원한다면, 우리는 그러한 배격하는 바에 끌려야 합니다. 만일 우리가 왜 그러한 오해들이 가능하며, 심지어는 매력적이기까지 했는지를 보지 못한다면, 우리는 성서의 교정적 차원을 결코 자각하지 못하게 될 것입니다. 따라서 이제 우리는 저자가 인지하고 있으며, 그가 복음서를 근거로 피하려 했던 성육신의 의미에 대한 오해들이 무엇인지를 살펴볼 것입니다.

요한복음서의 청중, 혹은 독자 일부는 분명히 세례 요한에 충성했던 무리였습니다. 요한복음 1장의 후반부는 5개의 짤막한 이야기들로 구성되어 있습니다. 그 각각의 이야기 속에는 다른 시간과 장소, 인물이 등장합니다만, 모든 이야기는 요한의 사명에 대해 궁금해하는 사람들이 다가올 때마다, 그들 자신을 넘어서 진정 고대해 왔던 예수님을 보라고 요청하는 세례 요한에 대해 한목소리로 이야기하고 있습니다. 요한복음 서문에 들어 있는 두 개의 주석들6절 이하, 15절 이하 역시 본문의 시적 흐름을 방해하면서도 삼인칭 시점을 통해 이러한 사실을 강조하고 있습니다.

왜 그러한 장치가 필요한 것이었을까요? 왜 요한이 빛이 아니며, 예수님에 대한 증인의 한 사람임을 반복적으로 독자들에게 알려야 했을까요? 분명히 당시 요한의 제자들 가운데는 요한이 진정한 선지자이며, 예수가 요한이 말한 성취자가 아니라고 여기는 무리가 있었을 것입니다. 이러한 추론은 다른 복음서들이나 추가적인 역사적 증언들을 통해서도 지지를 받습니다. 사도행전 19장을 통해 우리는 한 세대가 지난 시점에서 에베소라는 머나먼 도시에 남아 있었던 세례요한의 제자들을 발견할 수 있습니다. 요한의 운동은 우리가 흔히 초대교회의 운동이라 여기던 그것과 나란히 혹은 대화를 지속하는 가운데 여전히 진행 중이었던 것입니다.

따라서 무리의 의심이 무엇이었는가를 파악하는 일은 중요합니다. 세례 요한을 선지자요, 빛이며, 유대인들이 고대하던 자로 생각하던 사람들은 과연 무슨 생각하고 있었던 것일까요? 우리는 요한의 메시지에서 이에 관한 몇 가지 사실을 알 수 있습니다. 그것은 예수님께서 확증하며 말씀하셨던 하나님의 나라가 가까웠으며 심판의 약속이 가까이 왔음에 대한 선포였습니다. 하지만, 요한이 감옥에 갇히고 나서도, 그 나라는 여전히 도래하지 않았습니다. 하나님의 의에 대한 추수는 곡물에서 겨를 까불러 내도록 타작마당까지 이르지 않음을 목격했습니다. 이에 요한은 사신들을 보내어눅7:18이하 예수님이 과연 그가 생각하던 오실 그분인지를 알아보고자 했습니다. 그의 기대는 충족되지 않았습니다. 예수님의 오심은 아직 강력한 것이 아니었습니다. 로마인들과 그 협력자들은 여전히 건재했습니다.

하나님께서 의로 행하실 것이라는 약속이 사실이었다면, 그분께서 우리가 기대한 방식대로 그렇게 하시기까지 우리는 결코 만족해서는 안 될 것입니다. 요한복음은 예수님께서 요한의 사신들에게 시각장애인,

앉은뱅이, 문둥이, 청각장애인이 일으킴 받은 것을 요한에게 고하라 말씀하신 것을 전합니다. 죽은 자가 살아나며, 가난한 자가 복음을 듣습니다. 우리는 과연 요한의 제자들이 이를 만족스러운 답변으로 여겼는지는 알지 못합니다. 우리는 이런 소식이 요한에게 전해졌을 때 실제 제대로 전달되었다면 요한 자신이 어떻게 생각했는지도 알지 못합니다.

후에 예수님께서 당신의 십자가형의 "패배"로 고통당하신 것은 요한의 제자들이 예수는 그들이 기다리던 분이 아니시다고 결론지을 더 확고한 이유가 됐을 것입니다. 여러분, 우리의 눈높이를 낮추는 일보다는 기다리는 일이 더 낫습니다. 하나님께서 당장은 아니더라도 진정한 공의를 가지고 오실 것이라고 믿는 편이 하나님의 승리보다 낮은 수준의 무언가에 만족하는 것보다 훨씬 낫습니다. 그러나 예수님의 승리는 결코 극적이지 않았습니다. 하나님의 대적자들의 패배는 실제적이지 않았습니다. 기독교 운동은 대단치 않으며, 확고하지도 않고 증명되지도 않은 믿음에 지나치게 의존되어 있습니다. 예수님도 인정하셨던 그들의 리더였던 요한이 정점을 찍었던 선지자적 약속의 위대한 전통 안에서, 사람들이 더 많고 더 큰 것, 곧 덜 모호하고, 덜 믿음에 의존하며, 덜 핍박받도록 할 무엇인가를 기대할만한 이유는 충분했습니다.

그런 점에서 요한이 자신을 넘어 예수님을 가리킨 장면은, 요한복음의 서막 이후에 이어지는 이야기 속에서 그저 편의상 삽입된 내용이 아니었습니다. 그것은 초대교회의 입구에서의 심각한 논쟁에 관한 이야기였습니다. 이에 요한복음 저자는 오해하기 쉬운 정황 속에서 예수야말로 세례자가 진정 고대하던 분이었고, 그것은 결코 믿기 쉬운 것이 아니었음을 확증해 주는 것입니다.

우리 가운데 얼마나 많은 이들이 자신의 모습을 요한의 제자 가운데서 찾을까요? 아마도 우리는 의로운 명분을 갖고 평화에 관심을 두기 시작했을 것입니다. 아마도 누군가 우리에게 의로움은 승리이며, 주어진 것들이 악하므로 반전이 필요하다고 말했을 것입니다. 그런데 그토록 기대한 반전은 쉽게 도래하지 않았습니다. 대학가는 가라앉았고, 전쟁은 승리를 선포했으며, 다른 이름으로 지속하였습니다. 어제 굶주린 이들을 먹이는 일은 내일의 더 많은 이들을 굶주리게끔 할 뿐입니다. 하나님이 행하시지 않는다면, 왜 우리가 구태여 의에 편에 서야 할까요? 승리가 보장될 때 다음과 같이 노래하는 것은 이해할 만합니다. "우리는 정복해야 하네, 그것은 우리를 위해 정당하네. 우리는 하나님을 믿는다는 것이 우리의 모토이기 때문이지."[8] 하지만 만일 우리가 정복하지 않을 것이라면, 왜 우리가 구태여 그 하나님을 신뢰해야 한단 말입니까?

또 다른 측면에서 우리는 요한의 제자들과 같을 수 있습니다. 하나님이 우리에게 갚아주셔야 한다고 여기는 승리는 경험적일 수 있습니다. 우리는 더는 논쟁의 여지가 없고, 부정할 수 없는 승리의 경험을 통해 하나님은 실재하시며, 우리 편이시라는 사실을 증명하고 싶어 합니다. 예를 들면 귀신축출이나 예지력, 하늘의 음성, 혹은 기적 등을 통해서 말입니다. 그러나 우리는 실제의 계시는 우리가 거절할 수 있는 쉬운 형태로 우리 가운데 온다는 것을 기억하게 됩니다.

비록 확연히 드러나지는 않지만, 오늘 본문에서는 또 다른 반대의 유형을 볼 수 있습니다. 복음서에는 서막에서 빛이 던져지고 나서 예수님께서 정치 종교 세력들로부터 받는 지속적인 압력이 소개되고 있습니다. 복음서는 이들을 가리켜 "대제사장," "제사장과 바리새인들"이라고 소개하거나, 때론 단순히 "유대인들," 보다 정확하게는 "유대 땅에 사는

---

8) 미합중국의 국가(國歌)의 일부

사람들"로 칭합니다. 이것은 결코 모든 유대인일단 대중, 그 땅의 사람들, 거리의 사람, 침묵하는 다수이 그와 같다는 의미가 아닙니다. 그것은 오늘날 우리가 "기득권층"이라고 표현하는 것과 같은 이들입니다. 당시 그들의 신성한 의무가 그들의 조상으로부터 물려받은 성서와 전통의 유산을 제도적으로 방어하고 보호하는 것이라 이해했던 이들을 의미합니다. 예수님께서는 이러한 믿음에 대해 도전하셨기 때문에, 그들은 예수를 이러한 유산을 배격하는 자로 여겼습니다.

그러나 예수님은 그러한 전통의 의미가 성취될 것만을 주장하셨으며, 우리는 유대전통의 문서를 읽는 가운데에도 그러한 주장을 확인할 수 있습니다. 그러나 그들 유대인으로 통칭하는 당시의 기득권 세력은 예수를 전통에 대한 반역자이자 위협자로 봤습니다. 오늘날 그리스도인들이 얼마나 빈번히, 그리고 오랫동안 가야바와 안나스처럼 예수를 반유대주의자로 여겼는지를 본다면 이는 비극입니다. 하지만, 이것은 사실이 아닙니다. 그러나 기독교가 모세를 넘어선다는 것은 사실입니다. 기독교는 예수 안에서 이전에 받은 은혜를 또 다른 은혜로 계승합니다. (이것이 16절에 표현된 "은혜 위에 은혜로라"의 의미입니다). 그것은 예수님께서 하나님의 백성을 이끄심에서 여전히 한 방향으로 이끄시지만, 이전의 선지자들이 이끌었던 것을 넘어서 그 약속이 성취되며 기대한 바가 실현되는 것을 의미합니다.

예수님은 기득권 세력과의 갈등에서도, 여전히 유대적 전통의 일부셨습니다. "빛이 어둠에 비추되 어둠이 깨닫지 못하더라"5절와 "자기 땅에 오매 자기 백성이 영접지 아니하였으나"11절 같은 표현들은 진리나 계시가 인간에게 여러 시간과 장소를 통해 오는 여타 성서 본문들 속의 아주 광범위한 상황을 말해주는 것을 볼 수 있습니다. 하지만, 오늘 본

문에서 우리는 여러 세기 가운데 아브라함의 자녀와 모세의 백성에게
매우 특별한 방식으로 전달되었던 하나님의 말씀으로서의 히브리인들
의 이야기가 제대로 들려지거나 순종으로 받아들여지지 않은 것을 보게
됩니다.

구약성서의 이야기 가운데는 오늘 우리가 요한복음을 보는 것과 유
사한 패턴이 있습니다. 하나님의 말씀이 그 백성에게 임하였지만, 그 말
씀이 그들에게 받아들여지지 않았던 상황, 그것은 예수님의 사역에서
새로운 사건이 결코 아니었습니다. 요한복음에서 예수님께서 강조하셨
던 바는 선지자들을 통해서 늘 있었던 것이었습니다. 실제로 우리는 하
나님이 과거에도 그같이 말씀하셨다며 그분의 현재 활동을 차단하려는
유혹에 빠지지 않습니까?

오늘 본문에서 본래의 번역을 따르고픈 구절은 14절의 "인내하는 사
랑"에 대한 것입니다. 헬라어로는 "은혜와 진리"로 직역되는 본문에 대
해 저는 완벽하며 능숙한 해설가인, 앵커 바이블 주석의 저자 레이먼드
브라운의 해석을 따르고자 합니다. 명사와 명사로 이어지는 구문은 형
용사가 명사를 수식하는 영어 표현의 가장 단순한 히브리적 표현입니
다. 즉 은혜와 진리는 각기 다른 두 의미가 아닌, 하나의 실재를 표현하
는 것이라 할 수 있습니다. 따라서 히브리적으로 표현한다면 이 구절은
"인내하는 사랑" 혹은 "사랑이 넘치는 신실함"으로 표현될 수 있습니다.

여담이지만, 이것은 요한복음의 다른 이야기들과 서막의 용어를 구
분 짓는 여러 특징적인 표현들 가운데 하나입니다. "은혜"는 바울에게는
빈번히 쓰인 용어이지만, 요한은 그렇지 않습니다. "진리"는 요한복음에
서 아주 중요한 개념입니다. 실제로 진리는 예수님께서 자신을 지칭하
실 때 쓰셨던 여러 이름 가운데 하나였습니다. 그러나 본문이 말하는 진

리는 이와는 다른 의미를 내포하고 있습니다.

전세대의 지나간 언약에 대한 표현으로서의 "율법"과 "모세" 역시 요한복음의 언어로는 부적합합니다. 그것은 바울의 글에서 더욱 잘 어울립니다. 이는 모세와 율법을 통해 알려진 것이 인내하는 사랑과는 다른 무엇이라는 주장이 아닙니다. 인내하는 사랑은 아직 "도래하지" 않았기 때문에 그 충만함을 응시할 수 있는 것이 아닙니다. 그것은 아직 우리의 상황 속에 들어오지 않았습니다.

요한복음 저자는 또 다른 적대자들을 갖고 있습니다. 우리는 그들이 조직화된 사람들인지, 그들이 자신들을 어떻게 호칭하는지 알지 못합니다. 그들은 신약성서에서 어떤 당으로 규정된 적이 없는 이들입니다. 그러나 그들의 위치는 실재하며, 그들의 생각하는 바도 명확합니다. 그들은 오늘 우리가 보는 요한복음 서막의 14절에서 노골적으로 명시된바, 곧 말씀이 육신이 되었다는 사실, 하나님이 완전한 인간의 형태로 만질 수 있는 바 되었다는 사실을 부정합니다.

요한일서에는 예수께서 육신을 갖고 세상에 오신 것을 부정하는 사람들에게 붙여진 "거짓 선지자들"을 볼 수 있습니다. 요한일서의 다른 곳에서는 예수 그리스도를 부인하는 이들에게 "적그리스도"라 는 칭호를 사용하고 있다. 그러나 오해하지 않도록 주의가 필요합니다. 오늘날 예수 그리스도를 부인하는 것은 예수를 통해 우리에게 온 초월적 존재란 어떤 방식으로든 실재하지 않으며, 그런 논의조차 있을 수 없다고 주장하는 세속주의자이거나 불가지론자, 혹은 무신론자임을 의미합니다. 1세기 후반의 의심하는 자들은 이와는 정반대의 주장을 하는 자들이었습니다. 그들은 초월적 존재에 대해서는 알고 있었습니다. 그들은 그들 스스로 그분에 대해 정교하게 알고 있다고 생각했습니다. 그들은 더 높은 차원의 종교적 안목을 보존하고 정제할 책임이 그들 자신에게 있다고 믿었습니다. 역사가들이 이들을 "영지주의자"로 분류하는데, 이는 특별한 내부적 지식과 관련된 어원에서 파생한 말입니다. 그들은 통찰력을 지닌 선구자들이었습니다. 오늘날이라면 우리는 그들을 스승gurus, 현자maharishis, 조직신학자들이라고 부를 수 있을 것입니다.

이들이 관심을 뒀던 특별한 지식은 하나님의 실재에 대한 것이었습니다. 특히 그들이 깊이 관심을 뒀던 것은 희석이나 오염, 인간과의 어떠한 혼합으로부터 그분을 지켜내는 것이었습니다. 신적인 것은 구별되는 것을 의미하기에 하나님의 구별 됨은 우리가 지켜내야 함이 분명합니다. 따라서 더욱 신적이 될수록 더욱 구별되며 더욱 멀어지는 것을 의미합니다. 결국, 믿음의 문제는 하나님과의 거리에 있는 셈입니다. 이러한 관점대로라면, 예수님은 우리와 지나치게 가까이 계시고, 지나치게 단순하시며, 너무도 접근이 쉬우시고 영속성이 너무도 없으신 것이 됩니다.

만일 하나님이 당신의 통일됨, 피조물과의 거리, 그 순도에 의해서 가장 잘 드러나는 분이라면, 그분이 우리에게 올 수 있는 유일한 길은 아주 기다란 사다리를 통해서만 가능할 것입니다. 적어도 몇몇 영지주의자들에게 그 사다리의 이름은 우리가 오늘 본문에서 가진 이름인 "말씀"과 정확히 일치할 것입니다. 우리가 읽은 복음서는 말씀을 가리키는 로고스라는 기술적 용어를 사용합니다. 이 말은 본래 영지주의자들이 하나님으로부터 우리에게 연결되는 수많은 단계에 이르는 원리로서 사용하던 용어입니다. 그들에게 있어서 말씀은 결코 하나님 자신이라거나 인간 자신일 수 없고, 비교할 수 없고, 양립할 수 없는 두 개의 전혀 다른 수준 사이를 잇는 다리에 불과합니다. 따라서 인간의 몸을 입으신 하나님을 만질 수 있음을 부정하는 것은 그들에게 있어서는 의심이 아닌 경건이며, 불신이 아닌 수준 높은 영성인 셈입니다.

이처럼 매우 논리적인 소통에서 말씀과 화자 사이의 구별은 명확합니다. 가령 여러분이 여러분의 이웃과 이야기할 때, 여러분의 말은 여러분이 누구이며, 여러분이 무엇을 말하려는 가를 전달하는 필수불가결의 요소입니다. 그러나 이것이 여러분의 말과 여러분이 같다는 것을 의미하지는 않습니다. 여러분이 생각할 수 있는 모든 단어를 말한다고 해서 그것이 결코 당신이 누구인가를 드러내는 데로 다 소모되지는 않습니다. 오히려 그런 말들 가운데 일부는 혼돈과 오해를 불러일으키기도 할 것입니다. 따라서 영지주의자들에게 말씀은 하나님의 가장 고매한 창조물이지만, 여전히 피조물에 수준에 불과합니다.

요한은 이러한 종교적 관점에 대해 어떻게 대응하나요? 이교heresy를 피하는 방법 가운데 하나는 그 언어를 쓰지 않으며, 그런 부류의 사람들을 피하는 데 있습니다. 어떤 이들은 잘못된 단어사용을 금하거나 이교적인 표현을 금해서 잘못된 가르침을 반복하는 어떤 조짐을 피합니다.

그러나 오늘 우리가 보는 요한복음 서막에는 전혀 다른 접근법이 소개됩니다. 하나님과 인간을 연결하는 영지주의적 관점이 내포된 '말씀'이라는 핵심개념이 그와 정반대되는 설명을 위해 그대로 사용되고 있습니다. 다리bridge의 한쪽 끝에서 그 말씀은 우리와 같습니다. 그것은 육체를 입고, 유한하며, 역사적이며, 현존합니다. 신성함의 권능과 실재를 누그러뜨릴 것에 대한 두려움 때문에 영지주의자들이 주저하던 바를 요한복음은 인류 전반이 아닌 구체적으로 예수 안에서 정확히 무엇이 일어났는가를 통해 단적으로 표현해 줍니다. 그러한 설명을 위해 지금 요한복음의 저자는 적대자들의 지적 재산을 요청하는 셈입니다. 그는 지나치게 노골적일 수 있는 하나님의 임재에 대한 보호막으로 사용되었던 용어를 취해 그분의 그러한 적나라한 임재를 설명하기 위해 사용하는 것입니다.

　요한복음 서막에 소개되는 시의 본디 윤곽은 이전부터 존재했던 것이었는지 모릅니다. 우리가 시의 중간 부분을 주의 깊게 관찰한다면, 그것은 기독교 이전의 시기의 본문이라 할 수 있습니다. 그것은 좀처럼 빛이라곤 들지 않는 어둠에 둘러싸인 인간이 처한 곤경에 대한 보편적 묘사일 수 있습니다. 혹은 진리가 자명해 진 순간에도 받아들여지지 않는 곤란한 상황에 대한 문서를 기록한 글이라고 볼 수도 있습니다.
　그런 방식으로 시의 독립된 중간 부분은 세상의 어둠에 대한 애가로서의 영지주의적 송가일 수 있습니다. 저는 우리의 본문이 이전에 영지주의적 송가로 존재한 바가 있다는 문헌적 증거에 근거해 이처럼 주장하는 것이 아닙니다. 그 적대자들이 그 가르침의 증거로서 사용하던 선교 전략을 택하는 급진적인 위험을 감수했음을 드러내려고 말씀드리는 것입니다.
　2세기 전 프랑스 알자스와 다른 지역들 사이에 있는 한 외딴 골짜기에는 유치원과 농업지도의 아버지인 존 프레데릭 오베른John Frederic Oberlin이라는 경건주의 목사가 있었습니다. 그의 이름을 따서 오하이오의 한 대학이 세워진 바도 있습니다. 그가 목회하던 시기에는 프랑스 혁명이 발발했고, 이에 사회로부터 종교의 자리가 밀려나기 시작하던 때였습니다. 공공 예배가 금지되고, 이성이 그 자리를 대신하기 시작했습니다. 7월 14일 프랑스 전역에 걸쳐 자유와 평등과 박애에 대한 애국적인 담론과 폭군에 반대하는 연설에 사람들이 몰려들었습니다. 오버린은 주저함 없이 프랑스 혁명 기념일에 그의 마을 사람들 앞에서 폭군의 증오와 탐욕에 대항하여 기독교적 자유와 기독교적 평등, 기독교적 형제애에 대해 설교했습니다.

이것은 대략 든 예이지만, 그 실제 전략이 급진적이라는 사실을 눈치채셨을 것입니다. 그것은 심각한 위험을 내포하고 있습니다. 우리는 누군가 예수의 이름을 자유와 자아실현, 의미 있는 관계, 이타적 존재와 같은 이름으로 도용하는 비슷한 도전을 감지할 수 있습니다. 의심하는 청중들이 바라는 바를 위해 그들의 용어를 택한다면 그것은 어리석을 것입니다. 진정한 신실함이란 그들의 요구와는 다른 메시지를 전하려고 우리가 군중의 언어나 유행하는 언어를 사용할 수 있느냐에 달렸습니다.

그것이 바로 요한복음 서막이 영지주의적인 언어를 사용하는 이유입니다. 요한복음 서막은 하나님과 인간의 연약함 사이의 현격한 차이를 극적으로 드러내고 그 먼빛을 향해 고작 한두 발을 내딛는 것에 불과한, 인간으로서는 거의 불가능하며 혹독한 대가를 치러야 묵상과 경건을 묘사하는 영지주의적 사고체계를 적나라하게 드러내 주고 있습니다. 이것은 창조의 뒤에 있는 모든 의미, 모든 창조된 질서의 질서정연함과 목적, 목적지향성들이 터무니없게도 우리가 오실 메시아에게 행할 자비 앞에 놓여 있는 형태로 우리 삶에 와 있다는 것을 주장결코 선포가 아닌 합니다. 즉 모든 것은 우리가 어떻게 하느냐에 따라 그것이 우리에게 조명되며, 우리를 변형시키며, 우리를 하나님의 자녀가 되게 한다는 것입니다.

만일 여러분이 자신을 요한의 제자로 인정하지 않는다면, 혹은 당시 세상의 방어적 기성세력 가운데 한 사람으로 인식하지 못한다면, 아마 여러분은 여기에 해당할 것입니다.

아마도 여러분은 여러분 자신을 지혜와 더 깊은 혜안을 찾는 구도자 속에서 발견할 수 있을 것입니다. 그렇다면, 그러한 진리가 일개 장막 안에 주어진다면 그것이 영광되겠습니까? 인간으로 우리에게 오신 분이 우리 주 하나님이 되실 수 있습니까? 그것이 수세기 전에 이미 일어났다면 그것이 실제일 수 있을까요? 덧없고, 불확실하며, 불안정한 것들로부터 우리를 끌어올려 또 다른 수준에 머물도록 해주는 것이 신앙이 아니던가요? 우리는 대상들에 대해 보다 충분히 깊이 생각해야만 합니다. 이러한 탐구는 학생들에 의해 주로 이루어집니다만, 그것이 우리의 탐구라면 우리는 꽤 괜찮은 또 다른 수준의 진리가 거기 있고, 그것이 우리에게 왔음을 듣게 될 것입니다.

우리는 본문을 적대자들의 용어로 쓰고 있습니다. 이제 그것이 무엇을 말하는지 제대로 알아봅시다. 본문이 말하는 바는 이제껏 우리가 들어보지 못한 것입니다. 그러나 이것은 우리가 반복해서 들을 필요가 있는 말씀입니다. 본문이 경고하는 [영지주의적] 왜곡은 여전히 우리의 오랜 유혹 중의 하나입니다. 우리는 어떤 계시가 있다면 그것은 반드시 권능과 확실성과 거부할 수 없어야 한다고 여전히 생각하고 있지 않습니까? 계시된 말씀은 원천적으로 그분의 적대자들에 의해서가 아닌, 바로 그분 편의 사람들에 의해 거절당하는 운명을 가졌습니다. 그분은 그분의 사람들에게 오셨습니다. 그분은 영접받아야 할 마땅한 권리를 갖고 사람들에게 오셨습니다. 그러나 그 말씀을 듣지 않는 이들은 다름 아닌 그분의 백성이었습니다. 이러한 일들은 아담과 아브라함과 모세 이래로 계속 나타나고 있습니다. 예수님에게까지 이르는 이러한 반복적인 상황들이 보여주는 분명한 사실은 하나님의 고통은 어떤 특정한 타락한 사람의 잔혹한 반역에 의해서가 아닌 바로 그분의 백성이 그분을 영접하기를 거절한 데서 오는 것이었다는 점입니다.

우리는 요한복음 서막이 소개하는 세 그룹의 두드러진 도전들을 각각 분리시켜 살펴볼 합당한 이유가 있습니다. 먼저 종종 우리 자신은 요한의 제자들과 같습니다. 우리는 우리에게 주시는 특별한 권능의 상징을 원합니다. 어떤 믿음도 필요하지 않은, 그 자체만으로 차고 넘치는 영향력을 드러내는 어떤 상징을 말입니다. 또한, 종종 우리는 유대 땅의 기성 기관들처럼 안전에 대한 우리의 기대에 부응하는 진리를 만들기를 원합니다. 혹은 우리는 영지주의자들처럼 종교가 우리를 우리 자신으로부터, 평이함으로부터, "육체"의 현실로부터 떼어 놓아주기를 원합니다.

복음서의 이야기가 가진 단순성은 이러한 세 가지 방향에서 우리를 당황하게 합니다. 요한의 제자들에게 그랬던 것처럼, 우리에게 있어서도 그것은 연약함입니다. 유대 땅의 영적 엘리트들에게 그랬던 것처럼, 육체적이고, 지역적이고, 일시적이라 함은 우리를 당혹스럽게 합니다. 우리 안에 있는 기성세력은 그것을 천박하고, 동시대적이며, 변하는 것들로 여길 뿐입니다.

그러나 이제 우리는 이 세 그룹 넘어선 일반화 된 이야기를 나누어보도록 합시다. 거기서 우리는 그 다양한 형태가 가진 공통점은 바로 창조세계와 역사의 제한 속에 있는 우리 삶의 현실을 인내하지 못하는 것이라는 사실을 관찰할 수 있습니다. 높은 곳으로부터의 해방의 권력에 호소하는 것, 높은 곳으로부터의 계시의 위엄에 호소하는 것, 혹은 한번 전해 받은 바의 전통의 권위에 숨어버리는 것은 기본적 불신앙에 대한 어떤 위험감수로부터 한발 물러서는 일이 됩니다. 신약성서의 다른 곳에서와 마찬가지로 본문은 이러한 일반화된 유혹에 반하여, 두 가지 대조되는 것들을 말하고 있습니다.

첫째로 우리 가운데 오신 바 된 말씀과 예수의 사역은 그분의 선재하심preexistence과 하나님과 함께하셨던 창조 사역의 위엄으로 말미암아 인간의 말과 사역과는 질적으로 다른 것입니다. 세상이 창조되었다거나 하나님이 창조주라는 것은 유대 그리스도인 독자가 본문을 읽을 때 결코 새로운 사상이라거나 의미심장한 정보가 아니었습니다. 그러나 예수를 통해 우리에게 전해진 바가 진리이며 창조의 권능과 하등 다르지 않다는 것은 새로운 주장입니다. 이러한 주장은, 조직적인 방법에서 본다면 우리 시대의 신학자 대부분이 전적으로 믿는 바가 아닙니다.

대부분 신학자는 어느 정도 깊이에 들어가면 창조와 구속을 구분합니다. 예를 들면 고전적 개신교의 마틴 루터나, 혹은 현대의 에밀 부루너나 리차드 니버 등은 창조와 구속은 각기 서로 다른 윤리적 의미를 내포합니다. 가령 여러분이 여러분의 가치 구조를 창조에서 끌어낸다면, 여러분은 일종의 창조적 기관이 될 국가를 옹호할 것입니다. 반대로 만일 여러분이 구원으로부터만 인도를 받는다면 예수의 가르침과 본이 여러분을 위한 규범이 되어 무저항으로 이끌 것입니다. 하지만, 여러분은 창조의 영역이 다른 법칙들과 다른 권위들에 의해 지배받는다는 것을 인정하는 경우에만 예수의 가르침에서 무저항의 결론을 끌어낼 권리를 가질 수 있게 됩니다. 다시 말해, 이전의 예언자들의 경우와 같이, 예수님께서는 하나님을 대신하여 말씀하시지만, 하나님께서는 다른 채널을 통해서도 말씀하시며, 이에 우리는 하나님을 듣는 데 있어서 창조 세계 안에 있는 다른 방식들 modes 을 통해 인지할 수 있다고 말하는 것과 같습니다.

본문과 그 병행구절에 대한 책임이 있는 사도적 세대가 예수님을 통

해 그 권위와 의미에서 창조의 기초가 된다고 고집한다고 할 때, 이것
[앞의 대부분의 신학자의 창조/구속에 대한 분리]은 단순히 추론적인 차
이가 아닌 구체적인 차이라고 할 수 있습니다. 요한이 "지은 것이 하나
도 그가 없이는 된 것이 없느니라"라고 말할 때, 요한은 창조에 대한 새
로운 이론을 제기하는 것이 아닙니다. 그는 단순히 하나님께서 그 말씀
에 의해 창조하신 것을 보여주는 창세기의 보도를 반복하고 있을 뿐입
니다. 그러나 그는 그 보도에서 부정negation적인 어법으로 묘사합니다.
즉 하나님은 다른 방식으로 당신을 드러내시지 않았습니다. 하나님은
지금 우리가 요한복음 서막에서 예수를 통해 접하는 것 이외의 다른 목
적이나 인물을 창조를 통해 드러내지 않으셨습니다.

이러한 고집스러움은 우리가 읽는 본문에만 나타나는 특별한 것이
아닙니다. 다른 저자들과 독자들을 가진 신약 성서의 본문들에서도 예
수 안에서 알려진 바가 창조의 배후에 있음을 상당히 유사한 방식으로
강조되고 있습니다. 히브리서 1장 1-3절의 말씀을 한번 들어보도록 합
시다.

"옛적에 선지자들로 여러 부분과 여러 모양으로 우리 조상들에게 말씀
하신 하나님이 이 모든 날 마지막에 아들로 우리에게 말씀하셨으니 이
아들을 만유의 후사로 세우시고 또 저로 말미암아 모든 세계를 지으셨
느니라 이는 하나님의 영광의 광채시요 그 본체의 형상이시라 그의 능
력의 말씀으로 만물을 붙드시며 죄를 정결케 하는 일을 하시고 높은
곳에 계신 위엄의 우편에 앉으셨느니라"

혹은 골로새서 1장 15-17절의 말씀에도 귀 기울여 보시기 바랍니다.

그는 보이지 아니하시는 하나님의 형상이요 모든 창조물보다 먼저 나신 자니 만물이 그에게 창조되되 하늘과 땅에서 보이는 것들과 보이지 않는 것들과 혹은 보좌들이나 주관들이나 정사들이나 권세들이나 만물이 다 그로 말미암고 그를 위하여 창조되었고 또한 그가 만물보다 먼저 계시고 만물이 그 안에 함께 섰느니라

이와 똑같은 주장이 사도 바울이 빌립보서 2장에서 인용한 초대 교회의 찬송곡 안에 더 적은 수의 용어들로 표현되어 있습니다. 해당 본문은 창조에 대한 특별한 언급 없이 당신 자신을 "비우시기" 전에, 하나님의 형상을 취하시고, 그 손에 닿을 만큼 하나님과 가깝고 같으신 그 아들에 대해 말하고 있습니다.

이는 예수의 인성을 의심하는 자들이 물었을 질문보다 더한 주장입니다. 요한의 제자들은 또 다른 엘리야 정도에 만족했을 것입니다. 대제사장과 바리새인들은 또 다른 모세 혹은 또 다른 다윗이라면 받아들였을 것입니다. 그러나 우리가 읽는 요한복음의 저자는 결코 이러한 비판자들의 비위를 맞추는데 관심이 없습니다. 그는 찬양하고 있을 뿐입니다.

하지만, 요한복음 저자의 다른 방향으로의 찌르기thrust는 보다 강력하고 보다 독창적이라 할 수 있습니다. 요한복음 저자와 유사한 히브리서, 골로새서, 빌립보서의 본문들은 똑같은 관점을 제시합니다. 창조자이신 말씀이 우리 가운데 오신 방식은 위엄과 효율성이 아닌 연약함, 고통, 그리고 패하심에 의해서였습니다. "말씀이 육신이 되어 우리 가운데 장막을 치시며 거하셨습니다." 말씀이 육신이 되었다는 것은 그분이 단

순히 우리의 손길이 닿는 곳으로, 우리가 붙잡을 수 있는 모습으로 변형 되어 가시적인 모습으로 왔다는 사실만을 의미하지 않습니다. 그런 식 으로라면, 이미 행하셨던 것처럼 예언자적인 언어로 한 번 더 말씀하시 는 것으로도 충분했을 것입니다. 혹은 이슬람의 쿰란과 같이 완벽한 책 을 통해 말씀하시는 것이면 충분했을 것입니다. 혹은 산헤드린이나 바 티칸과 같이 권위적인 인간 기관에 당신의 권위를 부여하심으로도 충분 하셨겠지요. "장막 안에 거하셨다"라는 동사와도 같이, 우리 가운데 거 하신 "육신"으로의 선택은 단순히 하나님이 만질 수 있는 바가 되었다는 의미가 아닙니다. 그것은 하나님이 약해지셨으며, 위엄을 잃었으며, 연 약해 지셨음을 의미합니다. 그러한 방식으로 우리 가운데 오신 창조의 배후에 있는 권능자는 우리가 그분을 상하게 할 수 있는 자리에 서신 것 입니다.

이것이 요한복음 서막의 중심 메시지입니다. 육신의 연약함은 요한 의 주장과 대립하지 않습니다. 연약함과 하찮음unworthiness에 대한 수 용이야말로 그가 사랑의 기준으로 여기는 것이었습니다. 왜냐하면, 우 리가 그러한 자리에 있기 때문입니다. 하나님께서 세상을 얼마나 많이 사랑하셨던가요? 그 독생자를 주실 만큼까지였습니다. 우리가 한 구절 씩 차근차근 읽어나간다면 오늘 본문은 "아버지 품속에 있는 독생하신 하나님"18절, "그가 태초에 하나님과 함께 계셨고"2절 등에서와같이 말 씀의 영광과 위엄에 상당히 많은 강조를 두고 있음을 알 수 있습니다. 그러나 이것은 이미 그러한 찬양이나 복음서를 읽었을 경건한 유대인들 에게는 결코 새로운 정보가 아닙니다. 복음서의 이후 이야기들이 예수 께서 성막tabernacle이 아닌 성전과 비교되기 때문에 장막에 대한 강조 역시 더욱 두드러지게 나타납니다.

초기 2세대 혹은 3세대 그리스도인들의 마음이 되어 봅시다. 예수에 대한 직접적인 기억이 생생했던 사도들 곁에 모인 그들은 십자가에 대해 누구보다 잘 알고 있었습니다. 그들은 그 사건이 일어난 장소를 잘 알고 있었고, 십자가 사건이 일어난 이유와 그것이 의미하는 바를 잘 알고 있었습니다. 그들에게 그것은 권위 있는 목격자들에 의해 들려진 이야기로서 의미심장했고 의심의 여지가 없었습니다. 1세대 유대 그리스도인들에게 그것은 부활에 의해 당신의 축복을 드러내신 하나님에 관한 순종의 이야기로서 그 모든 것이 이치에 맞는 것이었습니다.

그러나 지금 우리는 그들보다 후세대들입니다. 우리는 팔레스타인 땅 밖에 거하고 있습니다. 우리는 그 모든 것을 목격한 사도들을 직접적으로 알지 못합니다. 우리는 그 장소들에 대해서나 유대 문화에 대해 알지 못합니다. 그렇다면, 초기 세대들에게 유리했던 복음서 이야기의 단순성, 구체성, 사실주의는 이제는 거꾸로 불리한 조건이 되고 맙니다. 사도들의 보도는 잊혔거나 논쟁거리가 될 수 있습니다. 공동체적 기억은 점점 가물가물해지거나, 재해석되거나, 심지어는 이상하게 여겨집니다. 과거에 있었던 그 한 사건은 특수하고 지엽적인 이야기가 되고 맙니다. 역사의 돌쩌귀hinge로서 우리는 계속 그것[십자가 사건]을 기념해야 할까요?

이것이 바로 성서의 저자들과 시인들이 신약성서의 증언의 정점 뒤에서 십자가 상에서 일어난 일은 역사의 전체 드라마 속에서 하나님이 어떤 모습이시며, 무엇을 하시는지를 드러낸 계시라고 선포했던 내용입니다. 그들은 지속적으로 그것을 특수한 사건이라고 확증했습니다. 자신을 낮추시고 우리의 돌봄 아래 자신을 두신 영원하신 말씀과 그 자신을 비우시고, 인류의 노쇠한 토양 속으로 자신을 내던지신 우주 뒤의 창조적 권능은 예수의 모습이었습니다. 하나님은 예수와 같은 모습을 취하셨고, 그것은 언제나 그러했습니다. 십자가는 창조가 무언인가를 모두 말해줍니다. 물론 예수께서 행하신 일은 하나님께 우리의 역사가 얼마나 심각한 것이며 실제적인지를 보여준다는 점에서 진정 지역성을 띠고 있었습니다. 그러나 지역적으로 드러난 십자가는 우주적이었으며 언제나 하나님의 본성을 드러냅니다.

보통의 종교 철학자들은 자신의 근거에 의해서 하나님이 어떠해야 하는지를 알고, 이에 예수를 마음대로 비틀고 확대함으로 어떤 식으로든 거기에 맞추려고 합니다. 그러나 오늘 본문은 이와 정반대입니다. 그들은 예수를 보고 하나님이 그와 같다고 고백합니다.

후대의 신학적 논의는 다음과 같은 철학적인 질문에 의해 주도될 것입니다. "어떻게 하나님이 신이 되느냐? 어떻게 영원하신 분이 유한한 분이 되느냐?" "성육신"은 이러한 질문들에 대한 기술적인 용어가 될 것입니다. 철학적으로는 불가능했던 일을 하나님께서 이루셨다는 사실은 수 세기 동안 신학의 주요한 주제였습니다. 그리고 그 가운데 오늘 본문은 어떻게 기적을 조심스러운 인간의 언어로 바르게 맞춰 넣을 수 있는지에 대한 극히 복잡한 논쟁의 논리적 퍼즐의 열쇠 역할을 해 왔습니다. 가령 4세기 삼위일체를 어떻게 묘사하는지에 대한 정의 문제라든가, 5세기에 그리스도의 두 본성에 대해 어떻게 설명해야 하는가 등에 대한 문제에서 요한복음 본문과 그 안에 담긴 메시지는 우리를 구원한 것은 신과 인간을 넘나드는 말씀에 의해서라는 극적 메시지를 통해 그 중심이 된 역할을 해왔습니다.

그러던 중 천오백 여년 간 구원의 극적 상징이 되어왔던 이러한 논리적 불가능성은 근대 초기에 이르러 주된 장애물이 되고 말았습니다. 우리 문화가 (지금 눈앞에 보이는 수준 너머의 궁극적 실재들에 관한) 초월성에 대해 생각할 수 있는 분위기는 변하고 말았습니다. 이제 '말씀이 하나님의 본성 일부라거나, 하나님의 말씀이 인간이 되셨다' 와 같은 이야기는 많은 사람에게 무의미할 뿐입니다. 이에 지난 수 세기 동안 신학의 핵심으로 극화되어 왔던 오늘 본문은 거꾸로 믿음의 걸림돌이 되고 말았습니다. 몇 년마다 신학 베스트셀러들은 새로운 일련의 재정의와 설명들을 통해 독자들이 성서의 언어들에 의해 믿음을 단념하지 않고 믿도록 어떤 활로를 모색하곤 합니다.

물론 이러한 논의가 나름 중요하겠지만, 이러한 것들은 본문이 진정 말하고자 하는 바가 무엇인가를 아는 데서 더 멀어지게 만들 뿐입니다. 본문의 저자는 논리적 퍼즐로 우리의 주의를 환기시키고 있는 것이 아닙니다. 그는 그가 말하는 바에 대한 논리적 불가능성에 근거해 그의 독자들이 그 신앙을 단념하기를 원치 않았습니다. 그렇다고 그가 중세 신학에서처럼 불가능성과 기적에 의해 그의 독자들을 사로잡으려고 한 것도 아닙니다. 그는 하나님의 본성 안에는 말씀과 같이 또 다른 면이 있어서 그것이 하나님 안에 있는 동시에 인간에게 이를 수 있을 만큼 구별된다고 상상하지 못할 것이 없었습니다.

말씀Word은 성서가 아닙니다. 그것은 예수가 아닙니다. 아직은 말입니다. 1~5절은 이에 대해 "그것"이라고 적절하게 번역했습니다. 10~12절에 이르기까지 그와 같이 번역될 수 있을 것입니다. 말씀은 하나님의 한 측면으로, 자신을 스스로 전달하심으로 보인 하나님, 교통communi-cating하시는 하나님입니다.

전적으로 유일신적인 유대인들조차 오랜 세기 동안 "지혜"를 이러한 방식으로 말해왔습니다. 잠1:20-29, 3:13-20, 8:22-30 요한복음 저자에게 있어서 하나님이 원하시면 그분은 육신이 되시는 것을 선택해야만 한다거나, 그렇게 하나님이 선택하실 수 있다는 것은 결코 논리적 퍼즐이 아닙니다.

하나님의 기적 주변에서 수많은 논증을 발전시키는 것은 본문의 핵심을 오해하게 할 수 있습니다. 설령 여러분이 중세시대처럼 그것을 경외심만으로 바라보거나 현대 신학처럼 당황하며 바라보더라도 말입니다.

저자는 그가 말하는 바가 실제로 일어났는지를 미심쩍어하는 일에 하등 관심이 없습니다. 본문은 신학적 논의가 결코 아닙니다. 그것은 말 그대로 "증언"입니다. 증언은 대화기술의 한 유형입니다. 그것은 "내가 목격했다" 혹은 "우리가 목격했다"와 같은 표현에서와같이, 어떤 대화 방식보다 화자의 역할이 중요한 대화 방식입니다. 오늘 본문에서도 14절과 16절은 계속 이런 특징을 드러냅니다. 그러나 사적인 대화 방식, 특히 자의식이 강하게 우리를 길들인 현대 문화에서의 그것과는 달리, 증언은 자기 자신에 대해 말하는 언어가 아닙니다. 증인이 된다는 것은 자신을 넘어 무언가를 가리키는 것을 말합니다. 다른 사람들도 그 자리에 있었다면 같은 방식으로 보거나 듣거나 만졌을 법한 거기 있는 무엇을 가리키는 것 말입니다.

"증언"은 보통 법정에서 사용되는 용어입니다. 그 목적은 재판장이나 배심원들로 하여금 증인이 전달하는 바의 객관적 실재를 이해하고 믿게 하는 데 있습니다. 따라서 요한의 목적은 있을 수 없는 일을 극화시켜 종교적 신앙을 고무시키는 식으로 기적으로서의 성육신을 극화시키는 데 있지 않습니다. 그의 관심은 오직 시내산의 또 다른 먹구름 속에서나 또 다른 예언자를 통해서가 아닌, 사람들 사이에 만질 수 있는 인간의 모습으로 당신 자신을 드러나도록 택하신 하나님을 알리는 데에 있습니다.

이러한 사실은 현대의 우화로 더 분명히 설명될 수 있을 것입니다. 최근 우리는 인간이 만든 것이라고는 볼 수 없는 물체가 하늘을 난다는 사람들의 증언을 종종 듣게 됩니다. 이에 대해 만들어진 용어는 "미확인 비행 물체Unidentified Flying Object"인데 말 그대로 특정 용어로 규정할 수 없기에 붙여진 이름입니다. 어떤 사람은 자신이 본 것들 가운데 하나가 진정 그 물체가 분명하다 말한다고 합니다. 왜냐하면, 그 표면에 UFO라고 글자가 쓰여 있었기 때문이라는 것이죠.

이러한 보도에 대해 우리의 믿음을 가로막는 것은 우리의 지식, 좀 더 정확하게는 문화적 경험과 과학적 이론들, 공학적인 규칙들에 따라 입증된 확신, 즉 그런 일은 절대 일어나지 않는다는 확신입니다. 이러한 회의적인 생각은 착시현상, 심리적으로 발생하는 환각증세, 연상작용, 혹은 사람들이 스스로 속아 넘어가는 다른 요인들에 대한 정보들에 의해 더욱 지지를 받게 됩니다. 따라서 또 다른 누군가가 미확인 비행물체를 분명히 보았다는 보도를 전해 들을 때, 우리의 사고 속에는 서로 양립할 수 없는 두 개의 과정이 진행됩니다. 그 중 하나는 그러한 일이 일어날 가능성에 대해 의심하는 우리의 관점에 대한 갈등입니다. 또 다른 하나는 지극히 자연적인 과정으로 누군가가 무엇을 보았다고 주장하고, 그것이 거기 있다는 사실을 우리가 믿어주기 원하는 이를 따라주는, 증인의 말에 경청하는 모습입니다.

이처럼 우리가 요한이 예수님에 대해 우리에게 전하고자 하는 바를 이해하기 원한다면, 우리의 사고는 하나의 질문에서 다음으로 넘어가도록 해야 합니다. 요한은 불가능한 일이 발생한 것이 가능한지를 말하려는 것이 아닙니다. 오히려 그는 하나님께서 항상 지속하셨던 바를 증거하려는 것입니다. 그리고 하나님의 말씀이 창조 안에서, 에덴동산 안에서, 아브라함 안에서, 모세 안에서, 예언자들 안에서 줄곧 행하셨던 것 — 비록 어둠이 그것을 영접하지 않았지만 신실하게 빛을 발하던 바를 계속해서 증거하려는 것입니다. 하나님의 성품 안에 있는 이러한 계시적 추친력은 이제 그 정점에 다다릅니다. 한 은혜가 다음으로 계승됩니다. 줄곧 거기 있었던 인내하는 사랑은 이제 그 성취를 맛봅니다. 이러한 일이 일어난 것은 결코 논리적 퍼즐 맞추기의 결과 아닙니다. 그것은 그래야만 했던 방식입니다. 하나님이 항상 그래 왔던 하나님이시라면, 그 하나님은 오래도록 인내하는 사랑의 하나님입니다.

요한이 우리에게 말하기 원하는 것은 그것이 일어날 수 있는 일인지에 대한 논리적 퍼즐이 한 기적에 의해 그 실마리를 풀어간다는 식의 이야기가 아닙니다. 그가 말하려는 바는 어떻게 그런 일이 일어났는가에 대한 것입니다. 그것은 한 사람을 통해 일어났습니다. 평범한 유대의 가난한 사람, 그 말에는 권위가 있으나 종으로 오신 분에 의해서 말입니다. 주변 사람들을 괴롭힘으로 세상의 문제들을 푸는 대신, 그분은 그 자신을 제자들에게 내어주신 분입니다. 그러한 진정한 인간의 모습, 그러나 누구보다 두드러진 인간의 모습으로 이제 우리에게 주어진바, 하나님의 자녀가 되는 가능성은 더 커졌습니다.

이제 우리는 하나님의 자녀가 되는 것이 무엇을 의미하는지 우리가 그러한 분을 보아 알고 있습니다. 그러한 분이 계셨기에 우리는 하나님의 자녀가 되는 것을 확신할 수 있습니다. 그것이 오늘 요한복음 저자가 본 영광입니다. 마치 요한복음의 독자들이 세례요한이 "이는 우리가 기다리던 분이시다" "하나님의 어린 양이리다"라고 말하며 가리키던 그분을 따르는 것처럼, 요한복음의 저자는 이제 그 영광 속으로 그의 독자들이 빠져들기를 바랍니다. 그리고 독자들은 이제 남은 복음서의 이야기 속으로 들어갈 때, 요한복음의 저자가 목격한 영광의 이야기를 지속적으로 접하게 될 것입니다.2:11, 12:23f, 13:31, 17:2이하, 22절 이하

고센대학교의 말씀 축제(고센, 인디아나)에서 전한 말씀 (4.19.1974)

7장 종의 형체

　신약성서에는 시편이 없습니다. 대신 초대 그리스도인들의 시는 다른 본문 속에 끼워져 그 운율을 식별할 수 있는 모습으로 발견되곤 합니다. 그러나 이러한 본문 속에 끼워진 인용문들 가운데 오직 몇몇 경우만이 시로서 인식될 만큼의 충분한 길이를 갖고 있을 뿐입니다. 다행스럽게도 신약에서 발견되는 가장 긴 시의 경우는 아마 가장 오래된 본문 중의 하나일 것입니다. 이러한 시들은 빌립보서가 쓰이기 전부터 교회의 찬양곡으로 사용됐습니다.

　언어학자들은 그 형태나 운율로 볼 때, 오늘 우리가 보는 7개의 구절은 찬양이라는데 동의하고 있습니다. 이 구절들은 사도 바울에게서 오지 않았습니다. 오늘날 설교자나 편지를 쓰는 이들이 그들의 본문에 시를 집어넣듯이, 바울 역시 그의 서신서 안에 이 구절들을 편집해 넣었던 것입니다. 자 이제 이 구절들을 함께 보도록 합시다.

　너희 안에 이 마음을 품으라 곧 그리스도 예수의 마음이니 그는 근본 하나님의 본체시나 하나님과 동등됨을 취할 것으로 여기지 아니하시고 오히려 자기를 비워 종의 형체를 가져 사람들과 같이 되었고 사람

의 모양으로 나타나셨으매 자기를 낮추시고 죽기까지 복종하셨으니
곧 십자가에 죽으심이라 이러므로 하나님이 그를 지극히 높여 모든 이
름 위에 뛰어난 이름을 주사 하늘에 있는 자들과 땅에 있는 자들과 땅
아래 있는 자들로 모든 무릎을 예수의 이름에 꿇게 하시고 모든 입으
로 예수 그리스도를 주라 시인하여 하나님 아버지께 영광을 돌리게 하
셨느니라빌2:5-11

바울은 빌립보에 있는 신자들이 더욱 하나가 되기를 바라며 이 인용
문을 사용하고 있습니다. 여기 나타난 그의 언어는 평상시보다 더욱 수
사적이며, 신중하게 쓰이고 있습니다. 인용문 이전에 그 자신의 글 자체
에도 운율이 엿보입니다. "…그리스도 안에서 무슨 위로가 있는가…?
사랑 안에서 무슨 격려가 있는가?"

빌립보서에 소개된 찬양의 본문은 5개의 단계로 읽힐 수 있습니다.
무엇보다 먼저 우리는 예수께서 무엇을 행하셨는가에 대해 본문이 어떻
게 묘사하고 있는지 물어야 합니다. 예수께서는 잘못된 선택을 하실 수
있는 상황에서 바른 선택을 하셨다고 말합니다. 그렇다면, 그 잘못된 선
택이 될 뻔한 했던 것은 무엇일까요? 이 질문이 두 번째 단계로 우리를
이끌 것인데 이를 위해서는 보다 기초가 될만한 이야기에 귀 기울여야
합니다. 이를 통해 우리는 하나님과 동등함을 마치 쉽게 붙잡을 수 있는
것인 양 이해했던 이들이 범한 잘못에 대해 살펴볼 것입니다. 이에 대한
본문은 창세기입니다.

"하나님과 동등 됨"은 하나님이 됨을 의미하지 않습니다. 이브와 아
담은 하나님의 형상으로 하나님과 같이 되었습니다. 하나님과 같이 되
는 것은 인간이 되는 것을 의미합니다. 그러나 창세기 3장 5절에서 미혹

하는 자는 이브와 아담이 아직 하나님과 같이 되지 않은 것인 양 속이고, 그들이 하나님과 같이 될 수 있다고 유혹했습니다. 미혹하는 자는 하나님이 무언가를 감추고 계시며, 그것을 그들이 붙잡을 수 있다고 주장했습니다. 이에 이브와 아담은 이미 선물로 받은 하나님과 같이 됨을 받아들이기보다는 그것을 다른 방식으로 쟁취할 수 있는 상이라 믿었습니다. 그것이 반역의 기초이자 뿌리였습니다.

언제 예수님께서는 그와 같은, 그러나 아담과 이브와는 정반대가 되는 선택을 하셨을까요? 그분은 똑같은 미혹하는 자를 만났습니다. 예수님은 그를 에덴동산이 아닌 사막에서 만나셨습니다. 예수님이 선택하셔야 했던 것도 이브나 아담처럼 하나님과 같이 됨에 대한 것이었습니다. 미혹하는 자는 "네가 만일 하나님의 아들이거든 네 왕국을 위해 빵을 만들고, 성전에서 뛰어내리며, 파우스트와 같은 거래를 나와 하도록 하자"라고 유혹했습니다. 미혹하는 자가 "만일 네가 하나님의 아들이거든"이라고 말한 것은 결코 "만일 네가 삼위일체의 2위에 해당하는 성자이거든"을 의미하지 않습니다. 창세기에서도 그런 의미는 내포되지 않았던 것처럼 말입니다. 그것은 더 구체적이고, 인간적이고, 정치적인 말로 표현됩니다. "만일 네가 기름 부음 받은 자라면, 만일 네가 고대하던 해방자라면, 만일 네가 백성을 다스리며, 자유케 하는 자로 지명된 자라면, 내가 제시하는 이러한 일들을 해보라."라고 말입니다.

예수님께서 세례를 받으실 때에 하늘로부터 들린 음성은 시편 2편에 그 본무대를 두고 있습니다. 이는 다윗의 왕위에 앉게 되는 왕에게 하나님을 대신해 말씀을 전하는 제사장 혹은 예언자의 메시지였습니다. 그는 "너는 내 아들이라 오늘 내가 너를 낳았도다"("내가 너를 나의 양아들로 삼았다") 라고 말합니다. 다시 말해 "너는 이제 이스라엘의 왕이다."라는 의미로서 말입니다.

그런 점에서 마귀는 "네가 진정 그런 왕권을 가진 자라면, 이제 그 권력을 잡고, 군림해 봐라. 내가 너를 도와주겠다. 내가 너에게 이 세상을 모두 주겠다"라고 유혹합니다. 그러나 그것은 예수님께서 가시려는 길이 아니었습니다. 예수님은 사막에서조차 그렇게 하지 않으려 하셨습니다. 그분은 갈릴리에서도, 겟세마네에서도 그러한 선택을 하지 않으셨습니다. 기름 부음 받은 자로서의 그분의 길은 군림하는 통치자가 아닌 자신을 비운 종의 모습으로였습니다. 이처럼 하나님과 같이 되는 예수님의 방식은 바로 인간과 같이 되는 것이었습니다.

예수님은 이러한 선택을 일회적으로가 아닌 반복적으로 하셨습니다. 그분은 사막에서 체 게바라가 되거나 조지 워싱턴이 되기를 거절하셨습니다. 대신 그분은 아주 어린 아이를 안아주셨고, 사람들의 더러운 발을 씻어주셨으며, 피 흘리는 자들을 치료해 주셨고, 그들의 모든 죄를 용서해 주셨습니다. 주님은 마지막 순간에도 겟세마네 동산에서 조지 워싱턴이 되거나 체 게바라가 되기를 거절하셨습니다. 그분은 죽음의 순간까지 줄곧 종의 모습으로만 계셨습니다.

"죽기까지 복종하셨으니 곧 십자가에 죽으심이라." 전체 찬양의 운율과 맞지 않아 보이는 이 문장은 바울이 첨가한 내용으로 여겨집니다. 그것은 노화로 말미암은 죽음이 아니었습니다. 주님은 질병, 노령, 굶주림, 혹은 사고 때문에 죽게 된 것이 아니었습니다. 십자가에서의 죽음은 정치적인 죽음이었습니다. 그것은 로마인들이 나라에 대한 반역자들에게 주는 극형이었습니다. 주님은 그러한 형벌을 받으셨고 그분은 이전에 받아 본 적이 없는 호칭을 받게 됩니다. 이제 그분은 누구보다 높은 호칭으로서의 "주Lord"라 칭함을 받습니다.

"이러므로"로 시작되는 본문의 마지막 구절은 겸손self-abasement에 기초해서 바로 그 주님이라 칭함 받는 예수님에 대한 찬미입니다. 이 본문과 가장 근접한 본문은 히브리서 12장입니다. 거기서도 예수님은 하나님의 말씀으로서의 그분의 길을 나아가심에서 우리와 똑같은 인간이 되셨습니다. 그분은 "믿음의 주요 또 온전케 하시는 이"이십니다. 거기서도 예수님은 같은 방식으로 당신의 수치 당하심에 대한 보상을 받으시는 것으로 설명됩니다. 히브리서는 다음과 같이 말합니다. "그 앞에 있는 즐거움을 위하여 십자가를 참으사 부끄러움을 개의치 아니하시더니." 곧 십자가의 길은 결코 우연이 아닙니다. 그것은 승리를 위한 우회의 길이 아닙니다. 십자가 그 자체가 곧 승리입니다. 그것은 우리가 달콤한 것과 나누어 가져야 할 쓰라린 것이 아닙니다. 그것은 복음 이전에 오는 율법이 아닙니다. 그것 자체가 좋은 소식입니다. 하나님의 자기 비움이야말로 복음입니다. 그것은 있는 그대로에 대한 폭로revelation인 것입니다.

고통과 관련된 본문들을 읽을 때, 십자가의 메시지에 대한 우리의 관심과 우려는 종종 아픔, 분열, 심판, 징계 등이 됩니다. 우리는 예수께서 우리를 갈라놓는 것을 원치 않습니다. 우리는 우리를 부모와 같이 꾸짖는 하나님을 원치 않습니다. 우리는 냉혹한 재판장을 갖기를 원하지 않습니다. 우리는 지금 그대로의 세상을 원합니다. 우리는 자궁 속에서의 안전함이 확장되는 듯한 자비심으로 가득한 우주를 원합니다. 따라서 성서에 나타난 십자가에 대한 본문들은 그 고통과 분열에 대한 말들 때문에 우리를 불편하게 합니다. 그러나 본문이 말하는 어조는 그와는 다릅니다. 히브리서 본문은 "그 앞에 있는 즐거움을 위하여" 참으신 분의 기쁨이라는 문맥에서 이야기되고 있습니다. 예수님께서도 가족을 버릴 것에 대해 말씀하시는 가운데 현 세상에서 100배나 되는 새로운 가족들을 찾는 것막10:29-30을 염두에 두셨습니다.

다시 오늘 빌립보서 본문으로 돌아간다면, 오늘 본문의 첫 단계는 우리의 첫 부모들의 잘못된 선택에 대한 것이었습니다. 두 번째 단계는 인간 예수의 바른 선택에 대한 것이었습니다. 이제 우리는 세 번째 단계로 넘어갑니다. 오늘 본문의 찬양이 빌립보에서는 어떤 의미를 가져다주었을까요? 오늘 본문이 1세기의 선교하는 교회들에 주었던 의미는 무엇이었을까요? 이방인 교회들은 더는 복음서 속의 유대적 세계와는 접촉하지 않고 있습니다. 그들은 더는 아담과 이스라엘의 왕들조차 하나님과 "하나님의 아들"로 표현되던 히브리 언어를 쓰지 않고 있습니다. 사도들은 물질적이며, 영원하며, 궁극적으로 실제적인 것에 관심을 두는 헬레니즘 문화에 새롭게 접촉하고 있습니다. 그런 틀을 가지고 볼 때, 본문은 이제 또 다른 의미가 있고 우리에게 다가옵니다.

"그는 근본 하나님의 본체시나"의 문맥은 하나님의 말씀이 삼위일체의 2위격으로서 외면적으로 선재하였음을 의미합니다. 그런 그분이 선택하시고 이루셨던 바는 우리를 구원하시기 위해 그 신으로서의 특권을 모두 내려놓으시고 이 땅에 오셔서 인간의 몸이 되신 것입니다. 본문의 찬양은 이에 대해 직접적으로 하늘에서 내려오셨다고는 언급하지 않지만, 우리는 이미 이에 대해 교리를 통해 알고 있습니다. 우리가 가진 교리가 그렇게 익숙하게 우리의 귀를 울리고 있을 때, 우리는 본문을 그러한 식으로 당연히 이해하게 되겠지요. 이제 폭력적인 젤롯당원적인 메시아가 되시지 않겠다는 예수님의 결정은 하나님의 본성의 깊은 실체를 수면으로 드러내는 일종의 부상surfacing이자 발현manifestation으로서의 성육신으로 나타납니다.

여러분은 언덕 비탈에 돌출된 암석층의 모양이나 색깔을 통해 그러한 층이 표면만이 아닌, 때론 수십 마일에 이르는 언덕 깊숙한 곳까지 이어진다는 사실을 알고 계실 것입니다. 한 조각 나무의 표면에 난 나뭇결도 그와 마찬가지일 것입니다. 이처럼 세상을 폭력적으로 다스리지 않으시겠다는 예수님의 결정도 외면적인 하나님의 결정온전한 하나님 되시는 그 아들이 우리의 역사 속으로 들어오시겠다는 외면적으로 구속력이 있고 자유로운 결정이 표출됨으로 드러납니다. 그런 점에서 자기 비움은 예수님이 하신 일로만 제한되지 않습니다. 그것은 하나님의 아들이 행한 외면적 행위로도 제한될 수 없습니다. 그것은 바로 하나님의 성품을 드러냅니다. 우주를 지으신 창조주는 종이십니다. 그 전능자는 그 원수들을 사랑하십니다.

그 모든 영광 이후에 드러난 네 번째 단계의 의미는 상당한 실추처럼 보입니다. 그러나 이는 바울이 본문을 쓴 본래 의도라고 봐야 합니다. 본문에서 바울은 강심장과 거만함을 가졌습니다. 프랑스어나 히브리어로도 뻔뻔스럽다고까지 표현할 수 있습니다. 그는 그러한 모습으로 사막에서 유혹과 싸우셨던 예수님의 영웅적인 모습을 보여줍니다. 더 나아가 그는 모든 은하계의 주인이신 분이 베들레헴과 갈보리 언덕에 자신을 내놓으신 영원한 칙령을 보여줍니다. 바울은 빌립보에 있는 이들에게 그들이 더욱 잘 연대해야 하는 이유에 대해 그토록 자신만만하게 말할 만했습니다.

이처럼 전 우주적 구원과 서사적 기독론에 대한 장엄한 찬양은 감옥 안에 있는 바울이 빌립보에 있는 리더들에게 옹졸해지거나 거만해지지 말 것을 말했다는 정황에서 우리에게 전해진 것입니다. 빌립보서 1장 15

절에서 그리스도를 전파함에서 "투기와 분쟁"으로 그리스도를 전하는 사람들에 대한 의미는 바로 이런 것일 것입니다. 이와 관련해 바울은 4장 2절에서 두 여성 리더들에게 서로 더 잘 협력할 것을 간청하고 있습니다. 또한, 바울은 빌립보 교인들이 감옥에 갇힌 그에게 보내준 돈에 대해서도 감사를 표합니다.4:10 이하 예수님의 너무도 인간적이고, 너무도 물질적인 모습은 빌립보인들을 향한 영원하신 하나님의 아들을 보여줍니다. 그것은 다름 아닌 예수 그리스도의 마음이며, 종이 되는 것을 선택하신 하나님의 모습입니다. 그것은 이제 다음과 같이 담백하게 적용됩니다. "아무 일에든지 다툼이나 허영으로 하지 말고 오직 겸손한 마음으로 각각 자기보다 남을 낮게 여기고 각각 자기 일을 돌아볼뿐더러 또한 각각 다른 사람들의 일을 돌아보아" 이보다 더 담백하며 모든 것을 반영해 낼 수가 있을까요?

이제 5번째 단계를 밝혀야 합니다. 우리는 이 오래된 문서와 오래된 찬양을 영예롭게 여기기로 약속한 이들로부터 추측할 수 있습니다. 바울이 감옥에서 썼던 본 서신그 감옥이 에베소였다면 주후 55년, 가이사랴였다면 59년, 로마였다면 62년에 해당하지만, 바울이 여러 차례 감금되었기 때문에 그 정확한 연도를 알 수는 없습니다은 빌립보의 무역 중심지에 있는 몇몇 성도들에게 전달된 것입니다. 본문은 은혜의 말씀으로 이처럼 우리에게 전해진 것입니다.

바울은 이제 우리에게 예수님과 하와가 직면했던 선택을 하도록 초대합니다. 우리는 과연 위엄, 중대함, 성취, 하나님과 같음을 마치 우리 손으로 붙잡을 수 있는 어떤 것으로 여기며 나아갈 것인가요? 우리는 우리 마음대로 조종할 수 있는 작은 세상에 대한 통치권을 붙잡을 것인가요? 아니면 우리는 하나님의 형상은 우리 자신이 스스로 붙잡아야 하는 것이 아닌, 이미 우리에게 주신 것이기에, 이에 따라 하나님 형상의 담지자bearer인 우리 자신의 가치를 믿는 법을 배우게 될까요? 더 나아가 우리는 누군가에게 전하도록 부여받은 바를 더 많은 이들에게 전해줄 수 있을까요?

간디와 마틴 루터킹과 같은 현대의 평화주의자들의 독창성은 그들의 도덕적 성품이나 민첩함, 혹은 영적 훈련에서 기인한 것이 아니었습니다. 그것은 그들 적대자의 위엄에 대해 그들이 보여준 존중에서 비롯된 것입니다. 압제자들 또한 하나님 형상의 담지자들입니다. 하나님 형상의 담지자가 된다는 것은 어떤 이점이나, 성취, 부여잡을 수 있는 것을 의미하지 않습니다. 그것은 전적으로 하나님의 은혜입니다. 그런 점에서 내가 나의 이웃이나 심지어 나의 원수를 그런 관점에서 바라보지 못한다면, 나는 하나님의 은혜를 받을 수 없습니다.

사회과학에서도 이기심, 나르시시즘, 자존감에 대한 욕구 등이 사회적 기질에 상실된 주요인으로 분석하는 시대를 살아가고 있습니다. 그런 가운데 바울의 자신만만함은 과연 좋은 소식으로 우리에게 전달될까요? 과연 그 오래된 찬양은 우리로 하여금 하나님과 같거나, 위엄과 성취로서가 아닌 선물로 부여받은 자기 존중을 하도록 도와줄까요? 과연 지배가 아닌 섬김으로 나아가게 해 줄까요?

우리의 신실함의 주인의 이름으로
우리의 신실함이 완전하도록 이끄실 분의 이름으로
그 앞에 있는 기쁨을 위해 부끄러움을 참아내신 분의 이름으로,
우리의 위대한 목자이신 주 예수님을 죽음으로부터 다시 이끌어내신 평화의 하나님께서,

영원한 언약의 피로 우리를 준비시키심으로,

모든 선한 일에서 그분의 뜻을 담당할 수 있게 하시기를 바랍니다.

예수 그리스도를 통해 당신이 보시기에 기쁜 일을 우리 안에서 행하시는

하나님께서 세세토록 영광을 받으시기를 바랍니다. 아멘

1983년 8월 24일 워싱톤 주 첼란에 있는 홀덴 빌리지에서 만찬 설교로 전한 말씀

8장 언덕 위의 도시

오늘은 히브리 성서의 예언서에 나타난 한 중요한 이미지에 대해 관심을 가져볼까 합니다. 그 이미지는 에스겔과 요한계시록을 포함해, 이사야서, 미가서, 스가랴서에서 여러 차례 언급되고 있습니다.

오늘날 예루살렘을 내려다볼 수 있듯이 그 당시에도 언덕 위의 하나님의 도성은, 그 지형학적인 기적에 의해 종종 다른 어떤 언덕들보다 높은 곳에 있습니다. 반면, 요한 계시록에 의하면 그 도성은 하늘로부터 내려왔지만, 여전히 예루살렘이나 시온산과 대등하게 표현됩니다.

에스겔서, 스가랴서, 요한계시록에서처럼 도성은 동과 서로 강물을 흘려보냄으로 나무와 들에 생명을 불어넣는 원천이 됩니다.

이처럼 반복되는 예언서의 그림은 세상을 향한 하나님의 목적에 대해 지속적으로 무언가를 말해주고 있습니다. 이에 저는 오늘 우리의 목적에 맞도록 임시로 그것을 다른 말로 바꾸어 설명하거나 번역하고자 합니다. 먼저 스가랴 본문을 보겠습니다.

그날에는 빛이 없겠고 광명한 자들이 떠날 것이라 여호와의 아시는 한 날이 있으리니 낮도 아니요 밤도 아니라 어두워 갈 때에 빛이 있으리

로다 그날에 생수가 예루살렘에서 솟아나서 절반은 동해로, 절반은 서
해로 흐를 것이라 여름에도 겨울에도 그러하리라

여호와께서 천하의 왕이 되시리니 그날에는 여호와께서 홀로 하나이
실 것이요 그 이름이 홀로 하나이실 것이며 온 땅이 아라바 같이 되되
게바에서 예루살렘 남편 림몬까지 미칠 것이며 예루살렘이 높이 들려
그 본처에 있으리니 베냐민 문에서부터 첫 문 자리와 성 모퉁이 문까
지 또 하나넬 망대에서부터 왕의 포도주 짜는 곳까지라 사람이 그 가
운데 거하며 다시는 저주가 있지 아니하리니 예루살렘이 안연히 서리
로다슥14:6-11

종말의 때에 하나님의 목적은 문명화의 과정civilizing process, 곧 새로
운 도시를 세우는 데 있습니다. 그 이야기는 동산의 한 남자와 한 여자
로부터 시작됩니다. 그리고 그 이야기는 북동편 끝에 있는 산에 자리한
노아로부터 다시 시작됩니다. 그리고 그것은 다시 남방에 있는 폭풍우
가 몰아치는 시내산 정상에서 다시 시작됩니다. 그러나 이 모든 이야기
는 결국 도시에서 큰 승리를 거두며 결말을 맺습니다. 그것은 모두가 볼
수 있도록 세상 한가운데 있는 언덕 위에 있는 정원도시garden city의 모
습으로 나타납니다. 하나님께서 그 도시의 한가운데 계시기에 거기에는
어떤 등불이나 에스겔서를 제외하고는 어떤 성전도 필요하지 않습니다.
모든 나라가 그 도시로 와 하나님을 찬미할 것이며, 배우고자 할 것입니
다.

이것은 두 번째로 하나님의 목적이 모든 나라를 향한 가르침의 과정
임을 보여줍니다. 성서는 이에 대해 법적인 용어로 묘사하고 있습니다.
"이는 율법이 시온에서부터 나올 것이요," "그가 열방 사이에 판단하시

며…. 판결하시리니"사2:3 그러나 여기에서 "판단"은 처벌이나 고발이 아닌 바른 질서를 세우는 것을 의미합니다.

우리는 세상 나라들이 이스라엘이 되지 않는다는 사실을 유념해야 합니다. 성서는 그 나라들이 그들의 식단을 바꿀 것을 말하지 않습니다. 거기에는 할례나 심지어는 희생 제사에 대한 언급조차 없습니다. 그들은 단지 하나님의 법을 배우려고 자발적으로 나아가는 것입니다.

미가 선지자는 이에 대해 다음과 같이 묘사합니다. "오라 우리가 여호와의 산에 올라가서 야곱의 하나님의 전에 이르자 그가 그 도로 우리에게 가르치실 것이라 우리가 그 길로 행하리라"미4:2

"문명화하다"를 의미하는 "civilize"의 언어학적 기원은 도시 건설에 있습니다. 하지만, 이 단어의 본래 의미는 지식의 전수에 있습니다. 문명화는 누군가를 교육하는 것입니다. 여기에서 지식은 도덕적 지식입니다. 성서는 이를 "도way"라 합니다. 세상 나라들은 그러한 "도"에 대해 배우지 않고는 알 길이 없습니다. 그들은 결코 자연적으로 그 도에 대해 알 수 없습니다.

이야기를 계속 이어가기 전에, 먼저 우리는 본문에서 제기되는 몇 가지 문제들을 주목할 필요가 있습니다. 우리는 본문을 통해 평화를 일구는 첩경에 대해서 배울 수 있습니까? 그것은 예루살렘을 통해 배움이 가능하다는 말인가요? 그것은 예루살렘의 종교에 가입하지 않아도 배울 수 있는 것입니까? 평화의 메시지는 복음서 속의 믿음보다 더욱 큰 영향을 미칠 수 있을까요?

현대 평화 운동 안에서 그러한 형태[의 문제들은] 는 여러 지역을 통해 그 모습을 드러내고 있습니다. 우리는 전략 무기 제한 협정Strategic Arms Limitation Treaty이 부적합하기는 해도 긍정적인 단계를 밟아가고 있는지, 혹은 아니 한만 못한 것이었는지에 대한 논쟁을 보아왔습니다. 핵무기 폐기 없는 핵 동결이나 전쟁의 폐지 없는 핵무기의 폐지에 대한 논쟁을 보아왔습니다. 우리는 스스로 생존에 대한 두려움에 근거한 반무장 입장은 기독교적 사랑에 근거를 둔 입장에 비할 때 결코 도덕적으로 타당하지 않다는 것을 보아왔습니다.

예언자들의 평화 선포가 비록 예루살렘에 근거를 두지만 모든 나라를 끌어들인다는 것을 믿는다면, 지금 한 모든 이야기는 그러한 큰 그림의 일부가 될 것입니다. 이 모든 것의 배후에는 역사의 긍정적인 관점에 대한 기본적 선택이 자리합니다. 평화는 희망의 문제입니다.

우리의 일상적인 관례에 따라 사람들은 전쟁을 벌인다.
… 그것이 그들이 대가를 치르는 바이며
… 그것이 그들의 삶을 담보로 하는 것일 때,
당신은 평화를 찾는다.
… 전쟁의 대가가 지나치게 클 때,
… 싸움을 중단함으로 말이다.

보통 평화는 전쟁과 다툼에 대한 부정negation이자 부재로 이해됩니다. 그러나 그러한 소극적 의미는 바뀌어야 합니다. 평화는 다음을 위해 그 대가를 치르는 적극적인 의미를 갖습니다.

무언가를 위해 계획하기 위해….
무언가를 위해 훈련하기 위해….
무언가를 위해 희생하기 위해….

무언가를 위해 죽으려고….

평화는 우연히 생기지 않는, 구축해야 하는 제도적인 전제조건들을 요청합니다. 평화는 민족주의적이며 인종주의적 문화의 기질에 맞서는, 사고방식에서 전제조건을 요구합니다. 이러한 전제조건은 [기성 문화의 가르침을 잊음으로서의] 부학습unlearning과 재교육relearning의 경험에 의해서만 형성됩니다.

우리는 여러 나라가 예루살렘으로 모여들 때 형성하게 될 대안적 문화의 네 가지 모습을 부여받았습니다.

첫 번째는 오늘날 우리가 경제적 전환economic conversion이라 부르는 것입니다. 널리 알려진 예언서의 문구는 이를 잘 표현해 줍니다: "칼을 쳐서 보습을 만들고"미4:3

쇠를 제련하는 대장간은 이제는 무장을 위해서가 아닌 농경을 위해 풀무질을 할 것입니다. 날카로운 모서리는 여전히 필요할 것입니다. 농기구의 모서리는 무기들보다 더 오래가야 하며, 자주 쓰일 것입니다. 다시 말해 칼 대신 보습을 만들고, 창 대신 낫을 만드는 일은 결코, 마치 오늘날 무기산업이 산업경제에 있어서 가장 비효율적이며, 경쟁력이 떨어지는 것처럼, 둔화가 아닌 과학 기술의 발전을 의미합니다. 따라서 예언자들의 비전은 결코 원시적이거나 자연으로 돌아가는 것을 말하는 것이 아닙니다. 그것은 대장간이 제련 기술 사용에 더 정통하며 생산적이 되는 것을 의미합니다.

두 번째로 설명되어야 할 변화는 갈등해결의 제도적 의미로서의 전쟁 종식입니다. 그것은 대립되는 나라들이 완전히 없어진다는 의미가 아닙니다. 나라 간의 차이나 이해타산을 따지지 않게 된다는 의미가 아닙니다. 그러나 주님이 그들의 중재자가 되시기 때문에 그들은 더는 전쟁에 대해 계획하지 않을 것입니다.

우리는 전쟁은 일종의 제도라는 사실을 기억해야 합니다. 그것은 아무 계획 없이 우연히 발생하는 법이 없습니다. 폭력적인 사적 자기방어의 행위는 자발적이라 할 수 있습니다. 물론 가장 최선의 것들은 대부분 계획된 것이지만, 비폭력적인 해동도 어떤 경우에는 자발적이라 할 수 있습니다. 화해의 행위는 순간의 결정일 수 있습니다. 비록 그러한 창조적 몸짓은 자발적으로 보이겠지만, 대부분은 미리 심사숙고한 결과물이거나 점차 배운 삶의 방식의 표현입니다.

그러나 전쟁은 자발적이 될 수 없습니다. 그것은 연구되어야만 합니다. 그것은 복잡하며 큰 비용이 듭니다. 그것은 매일의 삶에서 하지 않던 일들을 해야 하는 거대한 조직을 요구합니다. 그것은 매일의 건전한 삶과는 다른 기술들을 필요로 합니다. 만일 여러분이 전쟁을 준비하지 않는다면, 당신은 전쟁을 치를 수 없습니다. 예언자는 그 자신을 시편의 많은 다른 장소들, 그들의 소망 일부로서 전쟁 종식을 선포한 곳에 있는 예언자들과 나란히 하는 가운데 사람들이 전쟁을 준비하지 않을 것이라고 말합니다.

이들 성서 본문에서 말하고자 하는 것은 더 갈등이 없도록 인간 본성이 기적적으로 변화하는 것에 대한 비전이 아닙니다. 이는 율법을 알게 되고 새로운 재판관의 사역에 의해서 인간의 문화가 재프로그램화 되는 것을 의미합니다. 그 새로운 재판관은 "쇠하지 아니하며 낙담하지 아니하고 세상에 공의를 세우기"에 이르게 하실 분이십니다. 사42:4

오늘 우리가 보는 본문은 다음과 같이 말합니다.

"이는 율법이 시온에서부터 나올 것이요 여호와의 말씀이 예루살렘에 서부터 나올 것임이니라 그가 열방 사이에 판단하시며 많은 백성을 판결하시리니" 사2:3b-4a

이와 같은 본문의 용어들이 의미하는 바는 법적 증거나 타종교 혹은 고대 이스라엘은 성전의 제사장이나 예언자들에 의해 들었던 사법적 신탁에 근거하여 재판장이 판결한 모습을 종합한 것이라 할 수 있습니다. 3절 후반부에 언급된 율법torah은 일반적인 의미의 법law이나 모세의 법, 혹은 일반 종교적 가르침에 대한 것이 아니라고 말합니다. 오히려 그것은 신명기 17장 11절의 병행 구절에서 소개되는 심판mishpat과 연관되는 판결instruction을 의미합니다. 그러한 신탁으로서의 판결은 오늘 본문의 "여호와의 말씀"에 의해 확증됩니다. 성전은 나라들을 위한 제사장적이고 예언자적인 대법정입니다. 거기에는 더는 가르침과 판결 사이에 구분은 존재하지 않습니다.

세 번째 이미지는 경제적인 부활입니다. 모든 사람은 그들 자신의 비옥한 땅을 갖게 될 것입니다. 모든 사람은 의미 있는 노동을 할 개인적 공간을 갖게 될 것입니다. 포도나무와 무화과나무를 자라게 할만한 그런 공간을 말입니다.

이것은 현대적 용어로서의 자본주의를 의미하지 않습니다. 자본주의는 한 개인의 노동에 필요한 도구들은 다른 사람의 소유입니다. 이것 또한 무력에 의한다거나 야웨 하나님이 다스리시는 중앙 집권적 경제도 아닙니다. 이것은 대부분 사업가가 모든 것을 소유하는 규제된 시장 구조를 의미하지도 않습니다. 이것은 모든 이들을 위한 새로운 시작으로서의 희년의 경제입니다.

만일 이사야나 미가가 보여준 비전을 단순히 좋아하는 것을 넘어서 실제로 그 약속한 바대로 살기를 원한다면, 우리는 어떤 것들이 먼저 이루어져야 하며, 다른 것들을 가능하게 하는 것은 무엇인지 알아야 합니다. 이를테면 경제적 변환은 기술적 변환을 가능하게 할까요? 혹은 그 반대가 가능할까요?

네 번째의 변화는 단순히 더는 두려움이 없을 것이라는 점입니다. 두려움이 물러나면 사람들은 그들의 무기를 포기하게 될까요? 아니면 무기 감축은 그 자체로 두려움을 몰아낼까요? 다시금 우리는 무엇이 원인이며, 무엇이 증상인지 물어야만 합니다.

하지만, 어떠한 경우이건, 그러한 변화의 약속은 현실과 무관하거나, 무중력의 천국, 실체가 없는 영원에 대한 것이 아닙니다. 그것은 그 경제적, 문화적, 정치적 현실을 벗어나지 않는 선에서의 인간 실존의 변혁에 대한 이야기입니다.

변혁은 두려움에 대한 사유 가운데 찾아옵니다. 오늘날 우리가 국가적으로 사용하는 용어에 나타난 역설은 "안전security"이라는 단어에서 찾아볼 수 있습니다. "국내 치안internal security"은 시민에 대한 감시를 의미합니다. "국가 안정 보장national security"는 특히 보복을 위한 설비나 전략을 개발하는 군사 기획을 의미합니다.

그러나 진정한 의미의 안전은 모든 위협에 대해 반격을 취할 수 있어야 함을 의미하지 않습니다. 참된 안전은 위협이 거기에 부재하거나 혹은 그 위협이 있다 하더라도 이에 대해 두려워하지 않는 편을 택하는 것을 의미합니다. 예언자들과 예수님, 그리고 초대교회는 실제적인 위협을 직면했습니다. 그럼에도, 그들은 그러한 위협을 두려워하지 않기로 했습니다. 그들 중 일부는 순교 당했지만, 그들은 절대 두려워하지 않았습니다. 믿음으로 말미암은 은혜로 그들에게 주어진 것은 두려워하는 것이 아닌 사랑하는 것이었습니다.

율법을 배우는 일은 여전히 좋은 일이 될까요? 우리는 율법에 대해 거절하려는 강력한 기운을 물려받았습니다. 우리는 마틴 루터로부터 시작해 경건주의와 대부흥의 역사를 걸쳐서 율법을 배우거나 행하는 일은 구원에 방해된다는 두려움을 물려받았습니다. 근래의 철학으로서의 실존주의와 이와 짝을 이루는 자기실현과 진정성에 대한 심리학들은 세속적인 용어로 이러한 경건주의적 확신을 재진술 하고 있습니다. 여기에 반셈족주의우리는 율법과 관련 유대인들을 탓하기에 말입니다의 오래된 반향과 세대 간의 반목이라는 새로운 울림이 더해졌습니다. 그 결과 "율법주의"는 나쁜 용어가 되어 버리고, 대신 "자유"가 "안"으로 들어옵니다.

그러나 과연 율법을 뛰어넘는 것이 정말 좋은 것일까요? 혹은 우리는, 예언자들이 당시 나라들에 여전히 필요하다고 생각했던 것처럼, 여전히 주님으로부터의 인도하심에 경청해야 할 필요가 있는 것일까요? 우리는 히브리어 원어적 의미로 "토라"가 "규칙"이라기보다는 "길잡이/지침"에 가깝다는 사실을 기억해야 할 것입니다.

우리가 연구해야 할 두 번째 질문은 우리의 경건주의적 역사 이전부터 우리 앞에 있었던 영성과 역사 사이에서의 선택입니다. 종교적 부흥은 종종 물질적 세상에서 벗어날 것을 말합니다. 종종 그것은 사람들로 도시를 떠나 사막으로 들어가도록 요청합니다. 그것은 우리가 다룰 안건을 물질matter에서 영spirit으로, 증명 가능한 외적인 것으로부터 표현 불가능한 내적인 것으로, 행동으로부터 감정으로, 행함에서 존재로 변경시킵니다. 그런 식이 될 때 우리는 성서에 나타난 물리적으로 표현된 비전을 어떻게 다루어야 할까요? 우리는 거기서 외적 형태에 의존하지 않은 내면적인 영적 의미들만을 정제해 내야 할까요? 혹은 그러한 비전을 통해 여전히 우리로 하여금 예언자들이 평화를 경제적, 기술적, 사법적인 형태로 형상화한 바를 경청하도록 인도해 줄까요?

어떠한 것도 오늘 성서 본문의 실제 역사적 본질을 깎아내릴 수 없습니다. 평화는 경제적, 기술적, 사법적 형태를 보입니다. 그것이 우리가 대학에서 평화를 연구하는 이유입니다. 물론 내면적인 동기야 부차적인 문제들입니다. 물론 여러분은 그것을 개인적으로 살펴야만 할 것이고 원수에 대한 사랑 역시 개인적이며, 진심 어린 것이어야만 합니다. 그러나 나라들이 "오라 우리가 예루살렘으로 올라가 여호와의 도를 듣자"라고 말할 때에는 이미 개인적이며 내적으로 그러한 경지에 이른 것을 전제합니다. 이제 그들에게 필요한 것은 그들의 경제를 회복하고, 그들의 민주주의를 재건하여 평화롭게 함께 살아가는 것이 좋은 의도를 넘어서 적합한 구조를 갖도록 하는 구체적인 시간과 장소, 비결을 배우는 일입니다.

한가지 추가적인 관찰을 위해 본문을 다시 보도록 하겠습니다. 율법을 배움으로 나라들이 얻게 될 것은 무엇일까요? 이스라엘 백성은 앗시리아나 로마, 혹은 오늘날의 예루살렘처럼 점령군을 내보내지 않았습니다. 그들은 솔로몬처럼 외교관들, 무역상인들, 기술적 전문가들, 문화교류사들조차 보내지 않았습니다. 그들은 선교사들이나 마르코 폴로와 같은 탐험가도 보내지 않았습니다. 그럼에도, 그저 사람들은 각처에서 자유롭게 찾아들었습니다. 그들은 그들의 두 눈으로 본 도시의 재건에 매혹된 것입니다. 그들은 당신의 백성을 새롭게 하시는 하나님의 명백한 권능에 의해 매혹되었습니다. 예루살렘의 회복이야말로 그들을 끌어들인 동인이었습니다. 그것은 결코 그들이 조공을 바쳤기 때문에 예루살렘을 회복되었다는 식의 이야기가 아니라는 것입니다.

"~ 오르자"라고 표현된 구절은 성지로 나아가는 순례의 용어입니다. "가장 높으신" 혹은 "위대한 왕" 등의 표현이 이스라엘의 수도가 되기 이전의 예루살렘에서의 하나님께 쓰이던 용어였음을 고려할 때, 가나안에 있는 하나님에 대한 다른 이름이 아닌 "야곱의 하나님"으로 언급된 것은 주목할 만합니다. 오늘 본문은 바로 이스라엘 백성에 대해 묘사되고 있는 것입니다. 예루살렘에 대한 큰 기쁨은 이스라엘 공동체의 회복과 구분될 필요가 없습니다. 세상 나라들은 예루살렘이 유명한 하나님이 계신 잘 알려진 고대의 거룩한 도시이기 때문에 모여든 것이 아니었습니다. 그들은 야곱의 신앙공동체에 무엇인가가 일어났기 때문에 모여든 것이었습니다.

수년간 우리 대부분은 믿음의 공동체로부터 눈길을 돌려 세상에서 어떻게 할지에 대해서만 물어왔습니다. 우리는 법으로 다른 사람들 강제하는 비법을 알기 원합니다. 그러나 산상설교에서의 예수님처럼, 오늘 본문의 예언자는 다른 방법을 주목합니다. 그는 먼저 믿음의 공동체에게 묻습니다. 예수님은 그 제자들에게 말씀하셨고 제자들은 무리를 떠나 산에 올라 주님을 말씀을 경청했습니다. 예수님은 그들에게 "빛과 같이," "언덕 위의 도시 같이" 구분될 것을, 곧 현저하게 달려질 것을 명하셨습니다.

주님은 그들의 구별 됨이 율법을 완성하는 의로움과 그 율법을 넘어서는 방식이어야 한다고 말씀하셨습니다. 죽이지 않는 것을 넘어서 증오하지 않는 것으로… 보복을 제한하는 것을 넘어 보복을 포기하는 것으로… 이웃을 사랑하는 것을 넘어서 원수를 사랑하는 것으로 말입니다.

주님은 "너희는 정부를 이처럼 이끌 수 있겠느냐?"라고 먼저 묻지 않으셨습니다. 그분은 "하나님은 어떠하시냐?"라고 먼저 물으셨고 그 제자들에게도 그와 같이 되라고 요청하셨습니다. 그 원수를 사랑하시는 하나님은 평화주의자의 원조이시기 때문입니다.

예수님은 먼저 그 제자들에게 구별되라고 요청하십니다. 그리고 우리는 그러한 믿음이 곧 세상에 파문을 일으키게 될 것을 목격할 수 있습니다. 예수님은 우리의 윤리를 어떻게 조합해서 사무실로 들어가고 법을 만들게 될까에 대해 먼저 묻지 않으셨습니다. 나라들은 그렇게 하는 것을 나중에 분명히 배우게 될 것입니다. 그러나 먼저 나라들은 그 신앙 때문에 구별된 백성이 있는 회복된 예루살렘을 봐야 합니다.

이제 그 약속은 어디로 갔습니까? 그것은 이미 성취되었나요? 아니면 여전히 미래 가운데 있습니까? 우리는 히브리적 관점에서 우리 자신을 [본문에서] 모여든 이방인들처럼 여겨야 할까요? 아니면 메시아적인 관점에서 이방인의 모습으로 보는 것이 좋을까요? 그보다는 메시아적 관점에서 우리 자신을 이미 회복된 도시의 일부로 보아야 할까요? 아니 우리는 더 기다려야 하는 걸까요? 우리는 그러한 경험을 하는 과정 중에 있는 것일까요? 우리는 무리를 떠나 언덕 위에서 예수님 곁에 모였던 제자들과 같이 율법을 실행함으로 이룬 새로움과 충만함으로 다른 사람들로 하나님께 영광을 돌리게 할 사람들인가요?

우리가 우리 자신을 비롯한 모든 그리스도인을 새 시대가 이미 도래했고, 메시아가 오셨으며, 언덕 위의 도시는 이미 높은 곳에 들려 있다고 주장하는 가운데 바라본다면, 우리는 성서 본문 안에서 제시되지 않은, 그 이후의 세기들에서의 새로운 도전에 직면하게 되는 것입니다.

만일 왜 오늘날 서구 기독교가 전쟁과 관련된 질문에 잘못 대응했는지를 이해하기 원한다면, 과거 그리스도인들의 주요한 잘못들을 인정하는 일이 중요합니다. 콘스탄틴이나 샤를마뉴, 칼빈파들과 크롬웰파, 빌헬름 황제의 죄악들을 고백하는 일은 쉽습니다. 만일 회개가 지속적인 참회를 의미한다면 우리는 언덕 위의 도시가 되는 데 모두 실패했음을 인정해야만 할 것입니다.

아랍인들의 눈으로 본다면 기독교는 십자군과 연관됩니다. 아시아인의 눈으로 본다면 기독교는 제국을 연상시킵니다. 4세기 이래로 교회들은 그들이 전쟁을 저지한 만큼이나 전쟁을 정당화해 왔습니다. 르네상스 이후로, 목회자들은 민족주의를 초탈한 만큼이나 이를 승인해 왔습니다. 교회들은 대륙의 원주민들이나 수입 노예들에 대한, 소로우의 시대에 멕시코인들에 대한, 브라이언9)의 시대에 쿠바인들과 필리핀인들에 대한 국가적 범죄를 저지하지 않았습니다. 교회가 가장 많은 영향력을 가진 북대서양 세계에서 두 세계대전이 촉발되기도 했습니다. 하지

---

9) 윌리엄 제닝스 브라이언(1860~1925) 은 미국 민주당 정치가로, 반제국주의적인 입장을 견지, 미국과 스페인의 전쟁과 관련 쿠바, 필리핀, 푸에르토리코, 괌 등의 독립을 주장했던 진보적 정치관을 가진 독실한 그리스도인이었다. (역주)

만, 이 모든 것이 그리스도인들 전체가 평화로운 도시를 세우는 일을 시도하고 실패했다는 것을 의미하지 않습니다. 오히려 최근까지 그들은 시도하는 것이 잘못된 것으로 생각했거나, 평화로운 도시를 세우는 유일한 길은 전쟁에서 승리하는 것으로 생각하고 있습니다.

그리스도인의 참회는 자책이 아닙니다. 참회는 우리가 공로 없이 주어진 은혜로운 하나님에 대해 반응하는 것이며 참회는 소망을 가질 이유를 줍니다.

오늘날 현대인들은 무력감을 느끼며 살아가고 있습니다. 그런 점에서 본문의 예언자적 이미지는 우리에게 소망을 줍니다. 약속은 하나님의 일하심입니다. 즉 우리 자신이 도시를 회복시키거나 나라들을 불러모아 그분의 목표를 이루는 것이 아닙니다. 기적은 이사야서, 미가서, 스가랴서 등을 따르면 지질학적으로 발생하거나 요한계시록에 따르면 항공학적으로 나타납니다. 이스라엘 백성은 그러한 승리의 한 부분을 차지합니다. 그들은 보고의 임무를 수행할 것입니다. 그들은 새로운 질서에 적합할 것입니다. 그들은 새 영을 받고 감사를 표할 것입니다. 그러나 그들은 그들 스스로 그 일을 행하지 않습니다. 모든 것은 하나님이 행하십니다. 하나님은 심지어 하나님의 이름을 시인하지 않는 이방인들 가운데 사욕을 쫓는 지도자들을 통해서도 일하십니다.

우리는 절망에 대해 답할 필요가 있습니다. 그러나 우리는 지나치게 낙관적인 희망에 대해서도 경고할 수 있어야만 합니다. 현재의 문화는 그 이전의 교회사의 어느 시기보다 우리를 낙심하게 합니다만 이로 말미암아 우리가 많은 것을 하지 못하게 되는 것은 아닙니다. 오히려 우리는 다른 누구보다도 많은 일을 행할 수 있는 사람들입니다. 4세기 이후

서구 세계의 교회 지도자들은 쉽게 그 나라의 통치자들에게 다가갈 수 있었습니다. 대헌장Magna Charta 이후, 정치적으로 개혁과 혁명은 서구 세계의 대부분 사람에게 다스리는 일은 함께 공유하는 것임을 자각시켜 주었습니다. 지난 2세기는 새로운 물적, 과학적 자원들로 말미암아 우리가 원하는 것은 무엇이든 할 수 있다는 생각을 가져다주었습니다. 지금 우리의 시대의 명백한 헌장들은 정부가 가진 권한의 범위를 분명히 밝히며 소수자의 권리를 확약해 주고 있습니다.

우리 자신의 세계와 앵글로 색슨족의 정치적 유산은 이러한 약속을 장담했고 모든 면에서 제도화를 위한 최고의 실적을 남겼다고 볼 수 있지만, 그 지켜지지 못하는 약속들은 현실적으로 우리를 더 절망스럽게 하고 있습니다.

이에 대해 성서의 증인은 비간접적으로만 말하고 있습니다. 우리는 성서를 통해 서구세계의 실패에 대해 찾아볼 수 없습니다. 그러나 우리는 이스라엘 역사에서 왕정의 실패를 발견할 수 있습니다. 우리는 고동 근동 지역의 일반 권력 구조와 왕권에 의해 인권이 점진적으로 유린당하는 것에 대한 예언자들의 비판도 찾아볼 수 있습니다. 그러한 일들은 이사야와 미가가 말씀을 선포할 때 이미 벌어지는 일들이었습니다. 이들의 본문들이 그들의 기록된 예언의 형태로 마지막 모습을 드러냈을 때는 이미 그런 일들은 만연해 있었습니다.

하지만, 우리는 모두 계속해서 상대적으로 특권을 누리는 기독교 서구 역사에 따라 훈련을 받습니다. 우리는 이른바 기독교 세계에서 자리를 잡은 제도권 종교에 기대어 진리와 성공을 쉽게 연계시킬 수 있는 시대를 살고 있습니다. 그것은 우리가 현대 세계의 권력의 현실에서, 심지어는 우리 자신의 세계에서 여전히 이란, 아프가니스탄, 중앙아프리카

등에서와 같은 전근대 세계나, 혹은 인디아나 일본 등에서 보게 되는 비
서구적 문화에 대해서는 아무 말도 하지 않는 갈피를 잃은 상태임을 보
여줍니다.

따라서 저는 여러분에게 진정으로 미완의 질문을 던지며 마치려 합
니다. 우리가 이 세상에서 평화를 구현하고자 하시는 하나님의 약속을
심각하게 받아들이면 받아들일수록, 우리가 더욱 한결같이 메시아의 시
대는 그리스도 예수의 부르심으로 시작되었노라고 주장하면 할수록, 더
긴급하게 하나님의 백성을 어떻게 회복시킬 것인가에 대한 방안을 찾으
면 찾을수록, 그것은 세상 나라들로 하여금 하나님께서 계획하신 프로
그램 안에 들어오도록 이끌어 줄 것입니다.

- 펜실베니아 주 엘리자베스타운의 "평화사역에
  로의 새로운 부르심"에서 전한 말씀 (1982.6.
  18)
- 아이오와의 수 시티에 있는 브라이어 클리프
  대학에서 전함 (1983.4.18)
- 워싱턴 주의 스포켄에 있는 윗워스 대학에서
  전함 (1984.2.24)

9장 부서진 성벽

너희를 위하여 내게 주신 하나님의 그 은혜의 경륜을 너희가 들었을
터이라 곧 계시로 내게 비밀을 알게 하신 것은 내가 이미 대강 기록함
과 같으니 이것을 읽으면 그리스도의 비밀을 내가 깨달은 것을 너희가
알 수 있으리라 이제 그의 거룩한 사도들과 선지자들에게 성령으로 나
타내신 것 같이 다른 세대에서는 사람의 아들들에게 알게 하지 아니하
셨으니 이는 이방인들이 복음으로 말미암아 그리스도 예수 안에서 함
께 후사가 되고 함께 지체가 되고 함께 약속에 참예하는 자가 됨이라
이 복음을 위하여 그의 능력이 역사 하시는 대로 내게 주신 하나님의
은혜의 선물을 따라 내가 일군이 되었노라 모든 성도 중에 지극히 작
은 자보다 더 작은 나에게 이 은혜를 주신 것은 측량할 수 없는 그리스
도의 풍성을 이방인에게 전하게 하시고 영원부터 만물을 창조하신 하
나님 속에 감취었던 비밀의 경륜이 어떠한 것을 드러내게 하려 하심이
라엡3:2-9

본문에서 바울이 말하고자 하는 그의 전기적 측면은 다른 서신들특히
갈라디아서에서 더 많이 설명되어 있습니다. 다른 서신들특히 고린도후서에

서는 그가 가진 고유의 리더십 스타일을 통해 자존감과 권위에 대한 민감한 문제들과 선포자로서의 바울의 사역이 어떠한가에 대해 잘 설명되고 있습니다. 그러나 오늘 본문은 다른 어느 서신서에서보다 하나님의 계시에 의해 갖게 된 바울 자신의 생각들과 사역의 특수함을 가장 확고히 주장한 곳입니다.

지금 이것이 기술적인 연구라면 우리는 조심스럽게 개론적 질문들에 답하면 될 것입니다. 에베소서의 신자들은 누구였습니까? 바울이 이 서신서를 쓸 때 그곳에는 어떤 일이 벌어지고 있었습니까? 사도는 과연 이 본문은 직접 그의 손으로 썼을까요? 아니면 그가 신뢰하는 비서가 그를 대신해 쓴 것일까요? 그것도 아니라면 그의 제자 중의 한 사람에 의해, 그의 생각과 그 영으로 글을 쓸 수 있다는 확신 가운데, 파피루스 위에 최종적으로 쓰이게 된 것일까요? 그러나 우리가 의도한 목적을 위해서는 이와 같은 질문들에 대한 답을 찾을 필요는 없습니다. 이 서신이 바울의 제자들에 의해 조금 후에 쓰였다는 사실이 문제가 된다면, 그의 사역의 중대성에 대한 강력한 주장은 아마도 더욱 충격적일 것입니다.

오늘 본문에서 바울은 4회에 걸쳐 "비밀mystery"이라는 단어를 사용했습니다. 비밀은 감추어져 있는 정보입니다. 그것은 우리가 찾고자 하는 하나의 사실 fact 을 의미할 것입니다. 그 의미는 소설의 한 장르와 같은 어감을 갖습니다. 그것은 헌신자들에게 주어지는 어떤 종교적 정보를 의미할 수 있습니다. 그러나 그것은 본문이 말하는 바의 의미와는 다릅니다. 본문에서 말하는 비밀의 참된 의미는 마치 이전까지 일반인들에게는 감추어진 군사 작전 계획과 같습니다. 비록 처음에는 전략자의 마음속에 있었지만, 이제는 그 계획이 실행되어 모든 사람에게 보인 것과 같이 말입니다.

이러한 현상은 최근의 전쟁에서도 명백하게 드러납니다. 영국의 말비나스 재침공, 이스라엘의 레바논 침공, 미군들의 그레나다 점령 등에서처럼 말입니다. 공격이 있기 6주 전까지 아무도 어떤 일이 벌어질지 알지 못했습니다. 하지만, 군사작전이 진행되고 나서, 그 전략은 명확히 드러났습니다.

모든 세대에 걸쳐 만물의 창조주이신 하나님의 계획은 감추어져 있었습니다. 그 하나님의 목적은 무엇이었을까요? 이에 대해 바울이 에베소서 3장 3절에서 말한 바는, 이미 2장에서 간략히 묘사되고 있기에, 이를 먼저 잠시 보겠습니다. "이제는 전에 멀리 있던 너희가 그리스도 예수 안에서 그리스도의 피로 가까와졌느니라"2:13 여기서 "너희"는 이방인들을 가리킵니다. 바울은 이에 대해 "그때에 너희는 그리스도 밖에 있었고 이스라엘 나라 밖의 사람이라 약속의 언약들에 대하여 외인이요 세상에서 소망이 없고 하나님도 없는 자이더니"2:12라고 말합니다.

바울은 불신앙인들 개개인의 반역이나 상실, 타락 등에 대해 말하고 있지 않습니다. 그는 이방인 "세계" 전체의 상태에 대해 묘사하는 것입니다. 계약은 관계성입니다. 이방인들은 그런 점에서 누군가 그들을 불러 안으로 끌어들이지 않는 한 그 계약 밖에 머물러 있습니다. 계약은 또한 정보입니다. 이방인들은 그 계약이 드러나지 않는 한 그것에 대해 알 길이 없습니다.

따라서 세상에는 두 가지 유형의 사람들이 존재합니다. 거룩한 역사를 함께 나누어 가진 사람들과 그렇지 않은 사람들입니다. 이것은 도덕적 유·불리의 문제가 아닙니다. 거룩한 역사에 대한 지식이 있는 이들은 그만큼 책임이 크기 때문에 더욱 불리한 조건입니다. 그들은 아마 나쁜 사람들일 것입니다. 하지만, 그들은 특권을 위임받았습니다. 그들은 창조주와 역사 속의 왕 되신 분의 이름과 뜻을 알고 있기 때문입니다.

이는 종교에만 나타나는 특징은 아닙니다. 어떤 정보이건 그러한 구분은 나타납니다. 특별한 사건을 통해 알려진 정보라면 모두 그러한 구분을 드러냅니다. 내부의 어떤 사람들은 어떻게 주식시장이 올라갈지를 알고 있습니다. 어떤 사람들은 컴퓨터를 사용하고, 어떤 이들은 그렇게 하지 못합니다. 그러나 누군가는 받고, 누군가는 갖지 못한 특권으로서의 정보는 단순히 기술적 사실narrative facts이거나 철학적 암호가 아닙니다. 그것은 바울이 말한바 "약속의 언약"으로, 하나님께서 목적하신 바에 대한 계시이며 바깥 사람들에게는 구원되어줄 것입니다.

세상에는 다시 두 부류의 사람들이 있습니다. 종교적 세계관을 가진 이들과 그렇지 못한 사람들. 분명한 도덕적 문화를 가진 이들과 그렇지 못한 사람들. 거룩한 이야기를 공유하는 사람들과 그렇지 못한 사람들. 종교적 교육을 받은 이들과 그렇지 못한 사람들.

이미 말씀드린 바와 같이 두 부류의 사람 중 가진 편에 속하는 이들이 결코 더 나은 사람들을 의미하지 않습니다. 많은 유대인과 그리스도인들은 사실상 나쁜 사람들이었습니다. 거꾸로 외부인들은 선한 사람들인 경우도 있었습니다. "가진" 사람들은 결코 더 낫다고 볼 수 없습니다. 오히려 그들은 그들이 가진 힘에 대한 책임이 있기에 더 조건이 나쁠 것입니다.

지금 말씀드린 사람들 사이의 유형별 구분 등은 국가, 계급, 인종으로의 구분보다 더 심오하고 평화사역 문제를 더욱 어렵게 만듭니다. 바울은 그것은 심각한 소외는 문제이며, 그리스도의 일하심만이 이를 해결할 수 있다고 말합니다.

그는 우리의 화평이신지라 둘로 하나를 만드사 중간에 막힌 담을 허시고 원수 된 것 곧 의문에 속한 계명의 율법을 자기 육체로 폐하셨으니 이는 이 둘로 자기의 안에서 한 새 사람을 지어 화평하게 하시고 또 십자가로 이 둘을 한 몸으로 하나님과 화목하게 하려 하심이라 원수 된 것을 십자가로 소멸하시고 또 오셔서 먼 데 있는 너희에게 평안을 전하고 가까운 데 있는 자들에게 평안을 전하셨으니 이는 저로 말미암아 우리 둘이 한 성령 안에서 아버지께 나아감을 얻게 하려 하심이라 그러므로 이제부터 너희가 외인도 아니요 손도 아니요 오직 성도들과 똑같은 시민이요 하나님의 권속이라엡2:14-19

그리스도의 죽으심은 신약성서에서 다양한 방식으로 설명되고 있습니다. 때론 그것은 희생으로 말해지기도 하며, 때론 대속물ransom. 지금 읽은 본문에서는 그리스도의 죽으심이 "허물어진 담"으로 설명되고 있습니다. 물론 그것은 문자적으로는 그 바깥 뜰을 분리시켜 이방인들이 머무는 공간으로 만든 예루살렘의 석조 담에 대한 것입니다. 그러나 바울은 과연 이 담 자체를 하나의 상징으로 언급한 것일까요? 혹은 상징의 의미는 단지 간접적일까요?

예수님께서는 "안"의 사람들과 "바깥" 사람들 사이의 장벽을 거두어 내셨습니다. 십자가를 생각하며 으레 떠올리게 되는 장면은 하나님께서 나의 죄악으로 막힌 장벽을 허무시고 나를 용서하시는 모습, 혹은 여러분의 죄악의 장벽을 허무시고 여러분과 화해하시는 모습입니다. 그리고 그 결과 우리는 새롭게 구원받은 상태임을 발견하게 됩니다.

하지만, 지금 본문에서는 다른 방식으로 논증 되고 있습니다. 장벽은 그 누구의 죄악도 아닙니다. 장벽은 구별된 이야기들에 대한 역사적 사실입니다. 장벽은 "우리 유대인들은 율법이 있고, 너희 이방인들은 율법이 없다"라는 사실에 대한 것입니다. 그것은 각 사람과 하나님 사이의 장벽을 말하는 것이 아닌 한 집단과 다른 집단 사이의 장벽을 말하는 것입니다.

인간의 곤경에 대한 많은 현대 종교적인 관점들혹은 이와 관련된 세속적 관점들의 태평스런 관점으로 본문을 대해서는 안 됩니다. 본문은 결코 내적 혹은 개인적 평화가 먼저 찾아와서, 일단 내적 상태가 바르게 정돈되면 그것에서 그 사람을 사회적 선을 행할 수 있을 것이라는 기대에 대해 말하고 있지 않습니다. 본문은 그와는 정반대로 말하고 있습니다. 사이가 멀어진 두 역사가 이제 하나가 됩니다. 두 적대적인 공동체가 이제 화해합니다. 두 충돌하는 생활방식들이 이제 하나로 흘러나갑니다.

유대인과 이방인들 사이의 차이가 서로 다른 이론들이나 세계관의 문제쯤이라고 생각하지 말도록, 본문의 뒷이야기는 구체적으로 어떤 면에서 갈등이 있었으며, 그 실체가 무엇이었는지를 분명히 밝혀 줍니다. 우리는 사도행전에서 이에 대한 보다 많은 이야기를 볼 수 있습니다. 갈라디아서에서 베드로와 바울이 논쟁을 벌였던 갈라디아서의 묘사에서처럼, 로마서나 고린도전서에서는 더 실제적인 지침을 볼 수 있습니다. 신학적인 이유에서 유대인들은 이방인들과 식사를 같이할 수 없었습니다. 특히 먹고자 하는 육류가 유대적 관습에 따라 도살되지 않았다면, 그들은 그 식탁에 함께 할 수 없었습니다. 하지만, 그리스도인들메시아를 고대하는 유대인들의 기초적인 종교적 축하행위는 식사, 곧 애찬입니다. 이에 사도행전은 2회에 걸쳐서 함께 식사를 하는 조건들에 대한 실제적 절충안을 소개하고 있습니다. 고린도전서에서 바울은 이와 관련하여 세 장에 걸쳐 자세히 설명하고 있습니다. 식탁교제에 대한 갈등은 너무도 구체적이어서, 예수의 평화는 너무도 형식적이고, 외적으로 표출되었습니다.

본문에서 한 발 더 나가기 전에, 몇 가지 질문들을 주목해 봅시다.

⑴ 어떻게 바울은 이러한 길을 택한 것일까요? 무엇이 그로 하여금 하나님께서 목적하신 바의 신비에 대한 새로운 메시지의 전령이 되게 했던 것일까요? 그는 일종의 하나님의 영감으로부터 새로운 생각을 하고, 그것을 실행에 옮겼던 것일까요? 혹은 사도행전에서 이야기하듯, 메시아적 신앙을 전파하는 운동에 뛰어들었다가 후에 바람직한 방식들에 대해 생각하게 된 것일까요?

⑵ 어떻게 십자가는 담을 허물었을까요? 신실한 유대인[예수님]을 죽게 했던 이방인들에게 무슨 일이 일어났을까요? 어떻게 그것이 담을 허물게 할까요? 이방인들에게 율법의 문을 여셨던 그분은 유대인들로부터 이방인들에게로 넘겨질 수 있습니다. 그러나 어떻게 그 율법이 그를 죽일 수 있었을까요? 율법의 통치에 대한 결과로서의 그의 죽음은 어떠했습니까? 바울이 말한바 이것은 분명합니다. 이것이 어떻게 가능한가는 다른 본문으로부터 새로운 조명을 받아야 하는 질문입니다. 그것은 우리가 소위 말하는 "속죄의 교리"의 과제라고 할 수 있습니다. 예수님 자신은 결코 당신의 죽음을 이런 방식으로만 묘사하지 않으셨습니다. 그것이 문제가 될까요? 그러나 바울 서신은 예수님의 말씀을 기록한 복음서보다 먼저 쓰였습니다. 따라서 에베소서의 말씀이 사실이 아니라면, 만일 바울이 여기서 묘사한 것이 실제로 역사 하는 바에 대한 묘사가 아니라면, 우리는 복음서를 갖지 못했을 것입니다.

자 이제 본문에서 한 걸음 더 나아가 보겠습니다. 본문이 말하는 평화

사역peacemaking과 우리의 평화사역은 어떻게 연관될까요? 바울의 말이 전우주적이듯이, 우리는 한때 유대와 이방인의 장벽을 허물었던 지엽적 사건은 여전히 진행 중인 사건이라고 믿고 있습니다. 이제 유대인이 아닌 많은 사람들도 유일신교와 그 도덕성을 배울 수 있게 되었습니다.

하지만, 바울의 주장은 그보다 훨씬 더한 것입니다. 그는 왜 이것이 오랜 세월 동안 비밀이 되었는가? 라며 수사학적인 질문을 던집니다.

> 이는 이제 교회로 말미암아 하늘에서 정사와 권세들에게 하나님의 각종 지혜를 알게 하려 하심이니 곧 영원부터 우리 주 그리스도 예수 안에서 예정하신 뜻대로 하신 것이라엡3:10-11

여기서 바울의 마음속에 있는 우주적 권세자들은 현대적 용어로는 쉽게 말하기 어렵습니다.10) 그들은 인간을 의미하지 않습니다. 그러나 그들은 인간들의 사건과 구조에 영향을 미칩니다. 우리가 정부, 경제, 미디어, 이념 등으로 칭하는 것들은 우주적 권세자들이 사용하는 도구들입니다. 이에 대한 바울의 사상에 대해 가장 잘 다룬 주석으로는 헨드릭 벌콥Hendrik Berkhof 쓴 『그리스도와 권세』*Christ and the Powers*(대장간 근간, 요더총서)입니다. 이 책에서 벌콥은 이러한 용어들이 언급된 바울의 9개의 본문을 다루고 있습니다.

히브리 예언자들은 거룩한 도시의 회복과 나라들을 불러 모으는 것에 대해 말했습니다. 그것은 우주적 권세들과 소통하는 새로운 유형의

---

10) 실제로 예루살렘 번역본은 "군왕들과 권세들"로, NEB와 NIV는 "통치자들과 권세자들"로, JHY 번역본은 "우주적 통치자"로 각각 다르게 번역되고 있다.

공동체의 창조를 가리킵니다.

바울은 더욱 확장된 우주적 영역들이 십자가와 승천하신 예수그리스도에 의해 영향을 받는다는 사실을 분명히 밝힙니다. 종종 바울은 이들 "권력들"이 마치 우리가 그것이 무엇을 의미하는지 아는 양 말하는 것을 보게 됩니다. 그는 분명히 그가 말하는 바를 알고 있었고, 그의 독자들 또한 그 의미를 알고 있었음이 틀림없습니다.

어떻게 해서든 타락한 권세에 복종하는 타락한 세상은 유대인과 이방인 사이에 놓인 담과 연관이 있습니다. 우리를 종속되게 만드는 구조는 우리를 분열되게 만들고 있습니다. 민족주의, 인종주의, 물신주의 등은 우리를 분열시킴으로 노예로 만들거나, 노예로 종속시켜 분열을 조장합니다. 우리는 이러한 악순환되는 사실들에 대해 심사숙고해 보아야 할 것입니다.

이들 우주적 권세들은 영원하신 하나님의 목적이 하나가 된 새로운 인류를 만드는 것인지 알지 못했습니다. 그들은 역사란 자유로운 세상을 번성케 하는 것, 국민 총생산을 늘리는 것, 혹은 전 지구적으로 민주주의혹은 나치즘이나 마르크시즘을 확장시키는 것으로 생각했습니다. 그들의 역사에 대한 비전은 분열되어 버렸고, 단지 지배를 어떻게 하느냐에만 초점이 맞춰져 있습니다. 바울은 그들의 우상이 허물어질 것이며, 그들의 교만함으로부터 깨어나게 될 것임을 우리에게 설명해 주고 있습니다. 우주적 권세들은 소멸할 것은 아닙니다. 그러나 그들은 길들 것입니다. 하여 그들 또한 새로운 인류 가운데 그들의 자리를 찾게 될 것입니다.

저는 방금 영원하신 하나님의 목적이 하나 된 새 인류임을 이들 우주적 권세들은 알지 못했다고 말씀드렸습니다. 그들은 왜 알지 못했을까요? 그것을 아는 유일한 길은 그들이 교회를 통해 배우는 길밖에 없기 때문입니다. 오직 유대인들과 이교도들이 "속죄함"으로 하나가 될 때, 오직 유대인과 이방인들이 한 식탁에서 음식을 함께 먹으며, 사랑으로 그들의 생활방식을 서로 맞춰나갈 때, 오직 그러한 때라야 우주적 권세들은 하나님의 목적이 진정 평화였음을 깨닫게 될 것입니다. 이제 우리가 할 일은 본문에 대한 지속적인 연구를 하는 것입니다. 어떻게 우리의 삶은 분열된 두 역사와 두 문화를 하나가 되게 할 수 있을까요? 우리 시대의 십자가로 담을 허물어 새로운 인류를 축하해야 할 곳은 어디일까요? 그리고 그 때문에 우리 시대의 우주적 권세들이 하나님이 어떠한 분이 깨닫게 될 영역은 어디 있을까요?

만일 우리가 하나님이 행하시는 바를 행하고자 한다면 그것은 우리 시대의 담을 허무는 십자가에 있을 것입니다. 만일 우리가 하나님이 행하시는 바를 행하고자 한다면 우리의 고통은 영광이 될 것입니다. 이제 바울의 말을 주목하여 봅시다.

우리가 그 안에서 그를 믿음으로 말미암아 담대함과 하나님께 당당히 나아감을 얻느니라 그러므로 너희에게 구하노니 너희를 위한 나의 여러 환난에 대하여 낙심치 말라 이는 너희의 영광이니라엡3:12-13

"평화사역에로의 새로운 부르심" 에서 전한 말씀 (펜실베니아 엘리자베스 타운, 1982년 6월 19일)

10장 화해의 선물

성서에 의하면, 하나님의 목적은 언제나 사회적인 형태를 보이고 있습니다. 하나님의 목적은 진정한 인간의 공유된 경험으로서의 평화입니다. 예수님께서는 오늘 본문을 통해 어떻게 이러한 일이 구체적으로 실행될 수 있는지를 가르쳐주십니다. 예수님은 갈등해결conflict resolution의 절차를 제시하십니다.

네 형제가 죄를 범하거든 가서 너와 그 사람과만 상대하여 권고하라 만일 들으면 네가 네 형제를 얻은 것이요 만일 듣지 않거든 한두 사람을 데리고 가서 두세 증인의 입으로 말마다 증참케 하라 만일 그들의 말도 듣지 않거든 교회에 말하고 교회의 말도 듣지 않거든 이방인과 세리와 같이 여기라 진실로 너희에게 이르노니 무엇이든지 너희가 땅에서 매면 하늘에서도 매일 것이요 무엇이든지 땅에서 풀면 하늘에서도 풀리리라마18:15-18

갈등해결은 우리 시대에 주목받는 용어입니다. 그것은 이제 사회과학이나 심리학, 사회봉사 기술과 연관된 용어입니다. 저는 그러한 새로운 발전을 주목합니다만 그것은 예수님의 가르침을 돕는다기보다는 본문에서의 예수님께서 제시하신 바에 대한 오늘날의 이해를 돕기 위해서일 뿐입니다.

본문의 가르침은 지극히 상식적이고 기능적입니다. 그뿐만 아니라 교회 전통에서도 매우 익숙하기에 여러분은 이러한 이야기를 직접적으로 언급하는 것이 얼마나 가치가 있을지 물을 것입니다. 하지만, 다른 이들은 오늘 본문을 새롭고, 친숙하지 않으며, 심지어 그 원리에서 미심쩍게 바라봅니다. 오늘 본문은 성숙함이란 웬만하면 다른 사람의 일에는 간여하지 않는 것이라고 학습하는 우리 시대 상류사회의 관습에 역행합니다.

저는 최근 기독교 공동체의 회원인 한 심리학자와 이야기 나누었습니다. 그는 공동체 외부에 있는 사람들은 공동체 내에 있는 이들이 자신의 돈을 통제해 나가는 것이 무엇보다 힘든 일일 것으로 생각한다고 합니다. 그러나 그것은 사실과 다릅니다. 반대로 공동체 외부에 있는 사람들은 지체 간의 관계에 대한 훈계를 쫓아 사는 것은 상대적으로 간단한 문제일 거로 생각한답니다. 그러나 공동체 운동에서의 다년간 생활한 한 후에라도 그것은 항상 힘든 일이었다고 그 자신의 경험에 비추어 고백합니다.

오늘 본문은 너무도 간단하고, 그 명령 또한 너무도 명쾌하기 때문에, 다른 본문에서처럼 폭넓게 다루지 않아도 좋을 것입니다. 대신 저는 본문의 단어들이 의미하는 기본적인 의미들에 대해 먼저 이야기해 보도록 하겠습니다.

비록 작은 문제에 불과하지만, 본문에 나타난 두 단어(헬라어로 5개의 글자로 이루어짐)는 구 번역본은 유지되고 있지만, 새로운 번역본들에서는 적절하게 생략되어 있습니다. 구 번역들은 "네 형제가 '네게 대하여' 죄를 범하거든" 이러한 번역은 이해는 되지만 오해의 소지가 있습니다. 그것은 마치 내 형제에게 가는 이유가 가해자의 필요가 아닌 나의 필요 때문이라는 느낌이 듭니다. 따라서 필요한 것은 잘못을 범한 쪽에서 바르게 교정되거나 용서받는 것이 아닌, 내 분노를 방출하는 것이 됩니다.

또한, 이러한 번역은 만일 내가 피해자가 아니라면, 나는 가만히 있어야 한다는 식의 인상을 남깁니다. 만일 내가 둔감하거나 오래 참을 수 있어서 전혀 신경을 쓰지 않거나 너그럽다면, 나는 가해자를 별로 문제 삼지 않을 것 같은 느낌이 듭니다. 이처럼 자칫 잘못하면 이 헬라어 다섯 글자는 우리로 길을 잃게 할 수 있습니다. 이 단어들은 헬라어의 오랜 텍스트나 번역이 잘된 영어 번역본 어디에도 제대로 반영되지 못하고 있습니다. 이 단어들은 누가복음 17장이나 레위기 19장의 병행구절에도 없습니다. 이는 분명히 중대하지만, 시작을 위한 지엽적 질문에 불과합니다. 자 이제 더 큰 틀을 바라봅시다.

마태복음 18장은 모두 용서에 대한 이야기입니다. 본문의 선행 구절에는 작은 자에 대한 공격에 대해 경고가 언급되고 있습니다. 그것은 공격 대신에 희생과 눈과 귀를 버리라고 요청하고 있습니다. 그리고 잃어버린 양의 비유가 언급됩니다. 우리가 읽은 본문 이후에는 베드로의 질문이 이어집니다. "몇 번이나 용서하여 주리이까?"21절 그리고 용서할 줄 모르는 채무자의 이야기가 소개되고, 결국 18장은 다음과 같이 마무리 됩니다. "너희가… 형제를 용서하지 아니하면… 아버지께서도 너희에게 이와 같이 하시리라"35절

따라서 형제나 자매에게 접근하는 목적은 용서하기 위함입니다. 형

제 혹은 자매를 용서해야 하는 이유는 하나님께서 나를 용서하셨기 때문입니다. 바로 이런 이유 때문에 공격자가 나에 대해 공격을 하는가 아닌가가 중요한 문제가 아니라는 것이며, 그 공격으로 말미암은 피해가 크냐 작으냐도 결코 중요한 문제가 안 된다는 것입니다.

어떤 분들은 소위 "교회 규율"church discipline의 목적이 교회의 평판을 지키기 위함이라고 말합니다. 또 어떤 분들은 공동체의 기준을 가르쳐 젊은이들에게 죄의 심각성을 보여주기 위함이라고 말합니다. 또 다른 분들은 그것은 처벌을 위함이라 말합니다.

예수님은 그와 같지 않았습니다. 예수님의 유일한 목적은 용서에 있었습니다. 만일 그분이 들으신다면, 당신은 형제를 되찾은 것입니다. 그뿐입니다. 다른 어떤 사전 조건이나, 후속 조치가 필요하지 않습니다.

이러한 기독교적 의무는 도덕적 의무를 뛰어넘기 때문에, 다른 의무들과 같이 똑같은 단순함으로 말할 수 없는 독특한 무언가가 있습니다. 대부분 신약성서는 하나님께서 우리에게 요구하시는 것이 믿고 순종하는 것이라고 말합니다. 하지만, 좀처럼 우리의 순종이 하나의 조건이 되는 경우는 없습니다. 하지만, 오늘 본문은 분명하게 우리 편에서의 용서가 우리가 용서를 받는 한 조건이 된다고 명시하고 있습니다. 이는 마태복음 18장의 후반부에서도 언급되고 있고, 주님의 기도와 그 기도에 대한 주님의 해석에서, 그리고 바울에 의해서도 두 차례에 걸쳐서 강조되고 있는 바입니다.

물론 사람 중에는 "나는 용서받았어" 혹은 "나는 괜찮아"라고 자신에게 말하는 단순한 정신작용에 의해 자기 자신을 용서할 수 있는 분들이 있습니다. 그런 분들은 "아무도 내 행동 때문에 불쾌해 하지 않았어"라거나 "내가 욕먹을 짓을 한 것은 아니야"라고 말할지 모릅니다. 하지만,

만일 그들이 그런 식으로 용서를 찾아간다면, 용서의 의미는 경시되는 것입니다. 설령 그들이 자신은 용서받았노라고 말할지라도 사실 그들은 그들 자신을 당연히 믿지 않을 것입니다.

사람 중에는 상대에게 말하지 않고 그 사람을 용서할 수 있는 이들도 있을 것입니다. 그들은 다른 사람에 대한 공격적인 생각을 멈출 수 있는 사람들입니다. 그러나 그들 역시 좋은 소식을 나누지 않고 억제함으로 상대와의 관계를 경시하는 것입니다.

8장에서의 언덕 위 도시에 대한 논의에서는 "어떻게 예루살렘에 임한 복음을 다른 사람들에게도 결부시킬까?"를 질문했습니다. 우리는 무엇이 나라들을 끌어들일 수 있게 할지를 물었습니다. 허물어진 담에 대한 9장의 논의는 유대인이 되지 않고도 하나 된 새로운 인류의 구성원이 될 수 있는 이방인들이라면 이제 우리는 어떻게 다른 사람들과 관계를 맺어야 하는가? 에 대해 물었습니다. 사람들은 그리스도인이 되지 않고도 평화롭게 지낼 수 있을까요? 몇몇 분들은 "물론이지."라고 답할 것입니다. 다른 분들은 "어떻게 그것이 가능하겠어?"라고 반론을 제기할 것입니다. 그것은 구원받아야 하는 사람들을 위한 신앙의 핵심적 주제를 관통하지 않습니까? 그것은 복음화해야 하는 신앙인의 핵심적 의무를 관통하지 않습니까? 이들 본문은 모두 우리에게 우리의 평화사역과 하나님의 용서 사이의 연결된 두 길을 말해 주고 있습니다.

겉으로 드러나지 않는 예수님의 명령은 겉으로 드러난 그것만큼이나 중요합니다. 예수님께서 "가서 너와 그 사람과만 상대하여"15절라고 말씀하신 의미는 "다른 사람에게는 가지 말라"는 의미입니다. 나쁜 소식을 여기저기 뿌리며 다니지 말라는 말입니다. 험담을 위한 네트워크를 작동시키지 말라는 것입니다. 형제와 자매를 대면하기 전에 문제에 대한 여러분 편의 다른 협력자들을 세워두지 말라는 것입니다. 사안에 대한 당신의 관점을 증폭시키지 말라는 것입니다. 진정 여러분이 하나님으로부터 받았고 계속 받기 원하는 용서를 나누기를 원한다면, 가해자를 고립시키거나, 거리를 두거나, 당신의 분노를 강화시키지 마시기 바랍니다.

화해의 노력은 한 번 이상의 시도 가운데 더욱 넓혀집니다. "두세 증인"16절은 예수님께서 만드신 방법이 아닙니다. 그것은 구약성서에 의해 처방된 과정의 일부입니다. 어떠한 비난도 모두 사실일 수는 없는 것을 전제로 할 때, 모세가 요청하는 "두세 증인"은 가해자에 대한 내 편의 압력을 강제시키는 것 이상으로 내 증언 자체에 대한 견제 장치가 됩니다. 이처럼 그들[두세 증인]은 강제가 아닌 중재하는 사리에 있는 것이고, 만일 내가 용서하기를 원한다면 나는 그들로 중재해 주기를 원할 것입니다. 대화 속으로 그들이 들어오는 것은 모두에게 재평가의 기회와 물러설 기회를 제공합니다.

하지만, 모든 노력이 실패할 수도 있습니다. 세 차례의 권면은 문자적인 세 번의 만남 이상을 의미할 것입니다은 우리가 현 문제에 대해 같은 가치와 마음을 갖고 있지 못하다는 사실만을 확인한 채 결론이 날 수 있습니다. 곧 용서를 바라지 않는다는 것이죠. 이런 때 초대교회와 회당은 우리보다 덜 고민했던 것 같습니다: "이방인과 같이 여기라."17절 그가 화해를 위해 노력하지 않았다는 것은 그가 그 자신을 배제했다는 것을 인정하는 것입니다.

우리가 우리 자신의 기준에 대해 확신을 덜 갖게 되는 다원주의의 시대에, 모든 사람이 자신의 양심에 따라 살아야 한다고 주장하는 개인주의의 시대에, 우리는 본문의 심각성에 대해 당황하게 됩니다. 세리들을 예수님께서 어떻게 대하셨는지를 기억 못 한다면, 예수님의 말씀은 오해될 수도 있습니다. 예수님은 로마와 연관된 세리들에게도 똑같이 접근하셨습니다. 예수님은 그들과 개인적으로 관계를 맺으셨습니다. 예수님은 그들의 집에 들어가셨습니다. 그분은 세리 중 일부를 바리새인과 비교하며 우호적으로 대하셨고, 회개하도록 요청하셨습니다.

우리는 현대의 공손한 다원주의 안에서 누군가에게 우리와 그들 사이의 교감에는 한계가 있다고 말하는 것을 두려워합니다. 따라서 우리는 더 깊은 연대를 위한 가능성을 위태롭게 만들고, 가해자로 하여금 진정한 화해의 자리로 옮기도록 하는 가능성을 사라지게 합니다. 이에 우리는 다음과 같이 감히 말하지 못합니다. "당신은 우리를 떠났습니다. 당신은 우리와의 교제를 거절했습니다. 우리는 당신이 우리 가운데 한 사람이기를 바랍니다. 하지만, 당신이 계속 달리 우겨대는 한 당신은 우리 편이 될 수 없습니다."

우리 편의 그러한 약점은 몇 가지 좋은 설명을 가능하게 합니다. 그것들은 본문에는 없지만, 우리의 역사 속에는 존재합니다. 과거의 오용들은 용서에 대한 교회의 신뢰도를 무너뜨렸습니다. 그러한 오용은 우리가 "교회의 규율"이라는 용어를 쓸 때 여전히 울려 퍼집니다. 우리의 일부 전통들 가운데는 그 주체가 교회나 집사가 입니다. 그러한 진행과정은 흡사 예수님이 말씀하신 것과 비슷해 보일 수 있지만, 실제 그것은 사뭇 다른 것입니다. 오용된 기준들은 가해자가 그 정당함을 동의하지 못하는 쪽으로 적용되거나 가해자가 기꺼이 준수하지 못하는 쪽으로 적용되었습니다. 오용된 기준들은 가해자와 가까운 사람에 의해서가 아니라 목회적 권위에 의해 적용되었습니다. 그것들은 처벌을 위한, 권력을 보호하기 위한, 변화를 막기 위한 잘못된 이유로 계속 적용됐습니다. 또한, 그것들은 불공정하고, 강자보다는 약자의 죄를 더 가혹하게 다루는 쪽으로 쭉 남용됐습니다. 여러분은 이러한 오용의 사례들을 더 많이 제시할 수 있을 것입니다.

하지만, 우리는 이러한 오용의 사례들 때문에 바른 복음의 과정들에서 벗어나서는 안 됩니다. 우리가 용서하는 데 실패할 수 있다는 것은 우리가 관심사가 아닌 주님의 관심사입니다. 그분은 용서가 지속하기를 바라십니다. "무엇이든지 너희가 땅에서 매면 하늘에서도 매일 것이요".18절

"매는 것"과 "푸는 것"은 랍비의 용어에서 왔습니다. "매는" 행위는 견고하게 하는 행동입니다. 하나님을 대신하여 용서하는 행위는 너무도 강력하기 때문에 위임장이나 대사의 신임장처럼 묘사됩니다.

요한복음 20장에 나타난 병행 본문에서는 "너희가 누구의 죄든지 사하면 사하여질 것이요"요20:23라고 전하고 있습니다. 어떻게 우리가 그렇게 할 수 있을까요? 이에 대한 답은 우리는 그렇게 할 수 없다는 것입니다. 하나님께서 우리를 통해 행하시는 것입니다.

다음 절은 "두세 사람이 내 이름으로 모인 곳에는 나도 그들 중에 있느니라"20절 입니다. 이 구절은 소그룹이나 공동 기도에 대한 일반적인 가치를 말하려는 것이 아닙니다. "두세 사람"은 16절의 증인을 가리킵니다. 그들의 모임이에 대한 헬라어 말은 영어로 "symphony"입니다은 주어진 문제에 대한 똑같은 이해를 의미합니다. 그리스도의 임재는 그들의 대화를 강화시키며 그들이 내린 결론에 정당성을 부여해 줍니다. 그들이 결정한 것은 주님께서 그들의 결정 가운데 함께 하셨기 때문에 천국에 합당한 것입니다.

요한복음 20장은 다음과 같이 말합니다. "그들을 향하사 숨을 내쉬며

이르시되 성령을 받으라. 너희가 누구의 죄든지 사하면 사하여질 것이요" 요20:22-23

본문에 대한 이야기는 이쯤 하도록 합시다. 우리는 평화를 만들어 감에 있어서의 실제적인 훈련의 한 모범으로서 평화사역의 구체적인 절차를 보았습니다. 결론적으로 저는 계속되는 노력이 열매를 맺도록 몇 가지 주의사항들을 열거하도록 하겠습니다.

(1) 랍비의 용어인, 매고 푸는 것은 용서뿐만 아니라, 도덕적 분별의 과정을 의미합니다. 용서와 윤리적 결정 사이에는 긴밀한 연관성이 있습니다.

(2) 전체 신약성서에서 본문은 전략적으로 중요합니다. 예수님께서 직접 "교회"를 언급하신 유일한 곳이 오늘 본문입니다. 본문의 중대함은 고린도교회의 그리스도인들에게 바울이 이방인의 법정에 서지 말고, 본문의 절차를 따르도록 권고한 것으로 잘 드러납니다. (고전 6:1-8). 또한, 야고보서에서는 그 결말부에 강력한 권고로 본문에 소개된 절차가 언급되고 있습니다. 약5:19-20

(3) 본문의 관심사는 16세기 종교개혁 시대에 중심을 차지했습니다. 당시 아나뱁티스트는 물론 마틴 루터와 마틴 부서에 의해 본문은 "그리스도의 법"으로 묘사되었습니다. 아나뱁티스트들은 이러한 본문의 절차는 칼을 대신할 비폭력적인 그리스도인의 대안이라 이해했습니다. 본문의 절차는 교회를 정화해 나가기 위한 종교개혁의 도구였습니다. 아나뱁티스트에게 있어서 본문의 명령은 그들이 주님의 명령이라고 믿는 세 가지 조례ordinances의 하나가 되었습니다.

(4) 공동체를 유지하고 사회적 갈등을 해결하는 데 있어 본문과 같이

매고, 풀며, 용서하는 대화가 갖는 전략적인 중요성은 오늘날 점점 널리 인식되고 있습니다. 말씀드렸듯이 갈등해결은 이제 사회과학이 되었습니다. 중재와 조정은 전문적인 사회적 기술이 되었습니다. 비록 교회는 알아채지 못하지만, 세상은 본문이 보여준 평화사역의 모범은 가능하며, 없어서는 안 된다는 사실을 이미 알고 있습니다.

펜실배니아 주 엘리자베스타운에서 열린
New Call to Peacemaking 모임에서 전한
말씀

11장 당신의 희망은 너무 작습니다.

본문은 유일하게 자서전적이며 사적인 종의 노래의 일부입니다. 이사야 42장은 하나님께서 삼인칭으로 그 종을 언급하십니다.

"내가 붙드는 나의 종, 내 마음에 기뻐하는 자 곧 내가 택한 사람을 보라" 사42:1

이사야 53장 역시 삼인칭으로 소개하고 있지만, 여기서 화자는 하나님이 아닌 관찰자입니다.

"우리가 전한 것을 누가 믿었느냐? 여호와의 팔이 누구에게 나타났느냐? 그는 주 앞에서 자라나기를 연한 순 같고 마른 땅에서 나온 뿌리 같아서" 사53:1-2a

이사야 50장에서는 종이 일인칭 화자가 되어 말합니다만 그는 그 주변에서 어떤 특정한 사건이 벌어지고 있는지 알지 못합니다. "주 여호와께서 학자들의 혀를 내게 주사 나로 곤고한 자를 말로 어떻게 도와줄 줄을 알게 하시고 아침마다 깨우치시되 나의 귀를 깨우치사 학자들 같이 알아듣게 하시도다.”사50:4 이사야 49장만이 유일하게 종 자신에 대해, 그의 성장과 그의 생각과 그의 절망과 그의 희망을 말하고 있습니다. 그는 세상을 향해 말하고 있습니다. 이 본문은 이스라엘을 향해 선포되지 않은 유일한 노래입니다. 이런 점에서 본문은 선교적인 차원에서 히브리 성서 안에서 아주 중요한 본문입니다.

우리는 종을 단순히 어떤 특정인이라고 생각할 수 있습니다. 아마도 그는 포로기의 귀족 가문의 젊은 청년으로 자신을 바라보는 자이거나, 혹은 선지자들이 아주 특별한 목적을 위해 준비된 자로 여기는 인물일 것입니다.

> “여호와께서 태에서부터 나를 부르셨고, 내 어머니의 복중에서부터 내 이름을 기억하셨으며 내 입을 날카로운 칼 같이 만드시고 나를 그의 손 그늘에 숨기시며 나를 갈고 닦은 화살로 만드사 그의 화살통에 감추시고 내게 이르시되 너는 나의 종이요 내 영광을 네 속에 나타낼 이스라엘이라 하셨느니라”사49:2-3

이 사람은 이스라엘이 회복될 것이라는 예언자의 약속을 신뢰했습니다. 그런 희망과 함께 그는 그 자신이 필요한 때가 있을 것을 신뢰했습니다. 호라티오 알거의 소설에 나오는 신문배달원[11]과 같이, 혹은 에이브러햄 링컨이나 리차드 닉슨과도 같이 그는 자기의 시간이 오기를 여호와의 날개 아래서 기다렸습니다. 그러나 그런 시간은 오지 않았습니

---

11) 호라티오 알거(1832-1899)는 미국의 소설가로, 여기서 요더는 그의 책 *Dan the Newsboy* (1893)를 말하는 듯하다. 이 소설은 아버지를 잃은 16살 신문 배달원 단의 모험담을 담은 책이다.

다. 절대 오지 않았습니다.

그는 활시위를 당기려고 화살통에서 뽑아낸 바 되지 못했습니다. 제 아무리 잘 다듬어진 화살도 화살통 안에 감추어져만 있다면 그것은 결코 화살이 아닙니다. 이스라엘은 아직 회복되지 않았고 사람들은 이스라엘로 하여금 개선행진을 이끌도록 할 필요가 없었습니다.

단순하게 말하자면, 종은 한 개인입니다만 일부 학자들이 주장하듯 그 종이 소집단을 의미하건, 이스라엘 백성을 의미하건 본문에 대한 우리의 목적과 관련하여 그것은 그다지 큰 차이가 없습니다.

패배에 대한 정상적인 반응은 물러섬입니다. 4절은 어린아이 같은 신뢰를 말하고 있지는 않지만, 실패를 실패로 대면하기는 싫어하고 있습니다. "참으로 나에 대한 판단이 여호와께 있고 나의 보응이 나의 하나님께 있느니라" 사49:4b

그가 주장하는 바는 비록 실패했지만, 그는 의로운 편에 속에 있다는 것입니다. 비록 실패해도 나를 도우시는 하나님을 나는 신뢰한다는 의미입니다. 마치 실패 자체가 자신의 온전함에 대한 증거인양 도덕적 승리에 대해 주장하면서도 스스로에 대한 판단을 유보하는 것은 실패를 실패로 인식하지 않는 태도입니다.

이러한 상황은 우리를 예언의 중심으로 이끕니다. 종은 이스라엘을 회복시키기 위해 부름 받았지만, 그는 실패했습니다. 이제 하나님께서 다시 말씀하십니다.

"이제 여호와께서 말씀하시나니 그는 태에서부터 나를 그의 종으로 지으신 이시요 야곱을 그에게로 돌아오게 하시는 이시니 이스라엘이 그에게로 모이는도다" 사49:5a

여호와께서 무엇을 말씀하신 것일까요? "비록 처음에는 성공하지 못했지만, 다시 시도해 봐라"는 말씀을 하신 것일까요? "삼세번만의 행운"을 말씀하시는 것일까요? "우리가 잘못한 것에 대해 이제는 거기서 뛰쳐나와야만 한다"고 말씀하시는 것일까요?

여호와께서는 그와 같이 절대 말씀하시지 않았습니다. "네가 나의 종이 되어 야곱의 지파들을 일으키며 이스라엘 중에 보전된 자를 돌아오게 할 것은 매우 쉬운 일이라"사49:6

이것은 새로운 예언자적 말씀입니다. 그것은 다음과 같은 의미입니다. "네가 전에 실패한 일은 너무 작은 일이다. 너는 네게 주어진 모든 소명이 야곱의 지파들을 회복시키고 이스라엘 자손오랜 번역본들은 보존된 자들, 남은 자들, 잔해들 등으로 언급됨을 돌아오게 하는 일이라고 생각했을 것이다. 비록 실패로 돌아갔지만, 너는 스스로 네가 시도했던 것은 하나님께서 상이군인에게 주는 훈장과도 같이 영예로운 것이었다고 느꼈을 것이다. 그러나 그것은 너무도 작은 일이었고, 희망이라 하기에는 너무 약소한 것이었다." 이에 하나님은 다음과 같이 말씀하십니다. "너를 이방의 빛으로 삼아 나의 구월을 베풀어서 땅끝까지 이르게 하리라"사49.6

그것은 다시 다음과 같은 의미가 있습니다. "네가 실패했던 것은 하나의 과업으로서는 너무도 작은 것이었다. 나는 세상을 구원하려 한다. 따라서 그 종은 그 패배의 한 복판에서 세상 군왕들의 멸시에도 불구하고 민족들을 향한 하나님의 약속을 선포해야 한다."

미국이라는 국가를 만들었던 청교도적 전통의 중심에는 하나님의 성공이 곧 우리 자신의 성공이라고 여기는 교회들이 있습니다. 실제로 미국인들이 즐겨 사용하는 "하나님이 축복하셨다"라는 말 속에는 그 수입을 지속적으로 늘려온 교회라는 기관의 성공이 묘사되어 있습니다. 이 것이 본문에서의 종이 가졌던 생각이었습니다. 곧 하나님의 눈에 보이는 성공은 그 자신의 미래의 번영과 긴밀하게 연관된다는 것입니다. "하나님의 종"이라는 용어는 고대 근동의 승리의 왕을 기리는 용어 아니던가요?

그러나 하나님은 "아니다. 내가 사용하는 것은 너의 실패다. 우리는 결코 이스라엘을 회복시키는 데 성공하지 못할 것이다. 그것은 하나의 비전으로서는 너무도 작은 것이다. 우리는 민족들에게 미칠 비전을 갖고 있다"라고 말씀하십니다.

"에스라와 느헤미야가 이스라엘을 회복시키지 못할 것이다. 마카비가 이스라엘을 회복시키지도 못할 것이다. 젤롯당원들이 이스라엘을 회복시키지 못할 것이다. 그러나 그러한 실패들 속에서, 그러한 거역과 고난 속에서 나의 의는 세상 끝날까지 성취될 것이다."

오늘날 우리는 하나님 백성의 회복이 의미하는 바에 대해 그리스도인들 사이에 서로 엇갈린 비전을 가진 문화 속에 살아가고 있습니다. 회복이라는 단어는 회고적인backward-looking 단어입니다. 그것은 시간이 아직 많이 지나지 않았으며, 교회와 그 세계가 여전히 보조를 잘 맞추던 "좋았던 옛 시절"을 전제합니다. 그러한 시절로의 복귀를 위해 두 부류의 반응이 있습니다.

먼저 청년기 정체성의 위기 속에 공동체에 대해 굴복한 이들의 방어적인 태도입니다. 그들의 성장은 그 부모의 표준을 받아들이게 하였습니다. 그들은 그 조상의 교회에 출석합니다. 그들에게 회복이란 그런 의미입니다. 그들은 새로운 것들 속에서 결점들을 발견합니다. 그들에게 있어 교회가 감당해야 할 과제는 과거의 지표를 강화하는 것이며, 과거의 조각들을 주워담는 데 있습니다.

하지만, 더욱 비판적인 입장도 있습니다. 청년기 정체성의 경험 속에서 부모가 그들에게 굴복하게 한 이들은 회복보다 갱신을 더 선호합니다. 그들은 과거로부터 결함들을 발견하고 전혀 새로운 것을 원합니다.

하지만, 위의 두 입장 모두 똑같이 사람들에 대한 깊은 갈망을 품고 있습니다. 그들의 바라는 바대로 회복이 이루어져 청교도적 교회의 명성을 되찾게 되는 그런 바람 말입니다.

만일 지금 말씀드리는 것이 오늘의 주제라면 우리는 좀 더 시간을 두고 그 "좋았던 옛 시절"이 과연 정말 그와 같았는지를 살펴볼 것입니다. 더불어 우리는 앞서 말씀드린 회복에 대한 두 개의 서로 다른 입장들이 정말 그들이 생각하는 것처럼 다른 입장인가도 증명해 볼 수 있을 것입니다. 하지만, 이제 우리는 본문에서 말하는 종이 소망하는 바에 초점을 맞춰야겠습니다.

"나는 여호와의 보시기에 존귀한 자라 나의 하나님이 나의 힘이 되셨도다"사49:5a 현대 문화는 효능과 진리를 구별하지 못합니다. 윌리암 제임스와 존 듀이12)는 구 청교도적 비전을 세속 용어로 바꾸어 진정한 진리는 실제로 작동하는 것이어야 하는 것이 아니냐고 물었습니다. 물론 우리는 원하는 효과는 우리가 제시하는 행동에 의해 성취될 것이라는 사실을 배웠습니다. 만일 복음화를 원한다면 우리는 전도 위원회를 구성해야 합니다. 만일 교회가 리더를 원한다면, 우리는 특정한 신학교 프로그램을 통해 그들을 양성해야 합니다. 비록 과거의 리더십은 다른 방식으로 준비됐지만 말입니다 같은 이치로 이스라엘이 회복되기를 원한다면, 종은

---

12) 요더는 대표적인 실용주의 사상가들을 대표하여 윌리암 제임스(1842-1910) 와 존 듀이 (1859-1952)를 언급하고 있다.

무엇보다 여행객들을 이끌 수 있어야 합니다. 이제 우리는 진리는 십자가를 통해 가질 수 있다고 주장하는 가치 시스템을 더는 품을 수 없게 되었습니다. 심지어 우리의 무저항운동 역시 그것이 "효능이 있다"는 것이 증명되어야만 실행할 수 있게 되었습니다.

"실용주의적" 분석은 그 누구도 심지어는 하나님조차도 자유롭지 못하다는 폐쇄된 인과 구조를 전제하고 있기 때문에, 시간만 허락된다면 우리는 이러한 관점이 논리적으로 빈약한 것임을 논증할 수 있었을 것입니다. 그러나 오늘 본문의 핵심은 비판적 논리를 위함이 아닌 종의 패배에 대한 하나님의 말씀에 있습니다.

"당신은 당신의 성공의 경계를 나의 승리에까지 미치도록 보여주지 않으셨습니다." 우리가 이렇게 푸념을 하는 이유는 십자가의 의미를 깨닫지 못하는 고집스러움이 우리 안에 있기 때문입니다. 우리는 십자가를 속죄의 교리를 통해 여과시켜 하나님 앞에 우리 자신을 좋은 모습으로 회복시키는 데에만 관심을 둡니다. 종이신 주님이 권능 가운데 얼마나 강력하게 수준미달의 인간됨의 모습을 기꺼이 함께 나누셨는가에 대해서는 전혀 감격하지 못하면서 말입니다.

우리는 십자가를 권능의 상징으로 만듭니다. 십자군 전쟁은 십자가를 명분으로 한 전쟁이었습니다. 주교는 다른 사람들이 하지 못하는 것을 자신이 할 수 있다는 것을 과시하기 위해 그 가슴에 십자가를 겁니다. 우리는 오늘날도 대중적 전도나 다른 좋은 목적을 위해 우리 자신의 기술과 힘을 쏟아부어 우리의 승리가 하나님이 우리 편에 계신 것을 드러내는 것인 양 십자군이라는 이름을 빌린 집회나 운동을 시도합니다.

대의가 정당하면 우리는 승리할 것이니

하나님 안에 우리의 믿음이 있음을 우리의 국시國是로 한다네 13)

하나님께 패배를 통해서 승리하신다는 방식을 받아들일 수 없기 때문에 우리는 우리가 패했다는 사실에 대해 그 하나님의 종과 같이 정직하게 수용하지 못합니다. 베트남 전쟁 당시 미국 정부는 항상 어두운 터널 속에서도 한 줄기 빛을 찾았던 것처럼, 우리도 언제나 더 희망적인 시대의 표적을 찾기에 급급합니다. 우리는 종교개혁시대의 신념과 조화를 추구하는 바르트적인 개신교인들처럼, 흩어진 교리의 조각들을 주워 담기에 바쁩니다. 교회에 나오는 성도들은 정작 하나도 없는데도 말입니다. 교외 거주자들이 사는 지역의 교회들이 부흥하는 것처럼, 우리는 전통적인 가족 가치관함께 모이며 기도하는 가족 혹은 "당신의 삶을 끌어올려 줄 수 있는" 가족주의가 강조된 가치관의 수호자로서의 교회를 회복시키기에 바쁩니다. 그러나 거기에는 어떤 도덕적인 어떤 혁신도 가미되어 있지 않습니다.

언젠가 우리가 살아가는 그 권력에 신물이 난 세상에서, 오직 실패했던 한 구원자유일하게 수치를 당했고, 거절을 당했으며, 십자가에 못 박혔던 메시아 만이 할 말이 있을 것이 분명할 것입니다. 보호받은 이스라엘에 대한 부활의 희망이 우리가 가진 희망이라면, 우리가 할 수 있는 많은 것이 있을 것입니다. 우리는 우리의 업적들을 곳곳에 쌓아두고, 미래에 은퇴 후를 계획하듯 천국을 위한 투자를 하는 등 할 일이 많을 것입니다. 그러나 결코 우리는 하나님의 구속사는 전혀 다른 방향으로 흘러가고 있다는 것을 알아채지 못하겠지요. 만일 통찰력이 있다면, 우리는 이런 식

---

13) 미국 국가의 4절 가사 중 일부이다.

으로 해서는 안 된다는 것을 깨달을 수 있을 것입니다.

예언자가 말했던 새로운 용어들을 우리가 듣게 된다면 얼마나 좋을까요? 만일 우리가 종과 같이 정직해질 수 있다면 얼마나 좋을까요?

"내가 헛되이 수고하였으며 무익하게 공연히 내 힘을 다하였다 하였도다"사49:4a

회복을 위해서는 우리의 과거를 돌아봐야 하겠지만, 위와 같은 말씀은 오늘날 더는 진실이 아니며, 필요하지도 않습니다. 세상이 요구하는 것은 보다 활력이 넘치는 선포의 말씀이자 위대한 십자가의 이야기입니다. 그러나 개신교의 신앙은 그 주류 형식들에서, 예를 들면 그 제도적 수단에 있어서나 그 여러 위원회와 공의회 등에서, 혹은 세상 구원을 위한 하나님의 영의 움직임으로서나 시대의 우상들에 대적하는 안목과 원리들을 제공함에 있어서 더는 주요한 매개가 되어주지 못하고 있습니다.

죽음을 이기신 종으로서의 메시아이신 예수님의 소식에 대한 세상의 필요와 이에 대한 개방성, 그리고 제자도 가운데 모든 것을 버리고 그분을 따르는 모든 이들을 부활시키시는 새로운 삶으로의 부르심은 그 어느 때보다 많습니다. 이에 우리가 "비폭력" 혹은 "무저항" 이 살해를 막기 위한 적절한 말인지를 토론하는 가운데에도, 1960년대에 남부 기독교 리더십 공의회Southern Christian Leadership Council은 인종 간의 관계에서 십자가가 갖는 의미에 대해 주장하며 궐기했습니다. 또한, 평화주의자들이 그 임무를 수행하기 위해 정부에 호소하는 것이 적합한가를 논하는 동안에도 1970년대의 대학가에서는 베트남 전쟁이 얼마만큼 잘 못된 것이었는지를 항의했습니다. 마찬가지로 로마 가톨릭의 주교들은 핵전쟁을 중단하여 달라고 요청하며 궐기했습니다.

"회복"의 임무를 감당함에서 우리 자신이 적합하다는 확신은 아마도, 최소한 부분적으로, 우리의 사명에 대한 너무도 작은 우리의 소망은 우리 자신의 약함 중에도 완전하신 하나님의 능하신 은혜의 충만함에 의해 보장된 전방위적인 부활의 약속에서 비롯된 것이라 할 수 있습니다.

그분을 멸시하고 혐오하는 세상의 임금과 권세자들에 대해 종이 해야 할 일은 조금 더 열심히 한다거나, 조금 더 겸손히 이미 실패한 일들을 다시 진행하게 한다든가, 도덕적인 승리라 자화자찬하며 자존심을 세우는 것이라던가, 하나님의 손 아래 조금 더 인내하며 기다리는 일이 아닙니다. 하나님의 종이 해야 하는 일은 그 자신의 패배를 인정하며 받아들이는 일입니다. 그리고 이에 대한 하나님의 구원을 받아들이는 데 있습니다.

하나님의 승리에 참여하려는 종의 준비 여부에 대한 시험은 그 자신의 깨어짐brokenness을 받아들이는 데 있습니다. 그러나 이것이 경건주의나 심리치료의 한 유형을 쫓는 깨어짐 자체에 대한 연구는 아닙니다. 거기에는 내가 얼마나 기분이 나쁜가로 인한 병적인 기쁨이라거나 고난이나 영적 시련Anfechtung에 대한 신학적 과장이나 허영glorification이 없습니다. 거기에는 얼마나 비극적으로 내가 고통을 받고 있는가를 드러내놓는 교만도 없습니다. 종의 패배는 하나님이 그를 부르신 바에 대한 헌신에서의 패배였습니다. 그리고 여기서 부활에 대한 약속이란 종의 오명을 씻어주는 승리가 아닌 그를 택하신 거룩한 분을 위한 것이었습니다. 우리는 우리의 힘을 자랑스럽게 여길 수 없습니다. 또한, 우리는 우리의 약함을 자랑스럽게 여길 수도 없습니다. 다만, 우리는 질그릇에 있는 그 보물에 대해서만 자랑할 뿐입니다.

종된 여러분에게 교회의 자녀를 다시금 불러모으며, 사회화의 마지막 단계를 통해 공동체들을 활기 넘치게 하는 일 등은 너무도 사소한 일입니다. 교외에 거주하는 성난 아이들을 받아들이며 기꺼이 경청해 주는 환경을 제공하는 일은 너무도 사소한 일입니다.

저는 여러분을 세상의 빛이 되도록 할 것입니다. 그러한 선교적 기적에서 하나님께서는 세상 나라들로 그의 빛을 보고 예루살렘에 와 하나님의 법을 배우게 하시겠지만, 종은 궁극적으로 쓰임 받을 것입니다.

우리 시대의 그리스도인들이 종의 행보를 밟아나갈 때 뒤따라올 기적 가운데, 우리는 기대치 않게 은혜로 말미암아 우리 자신이 쓰임 받고 있음을 보게 될 것입니다.

반드시라고는 할 수 없지만, 우리의 교회조직이나 기관들, 교회의 여러 모임들이나 목회적 자기 이해들도 이러면 다시 살아날 수 있을 것입니다. 그것은 우리가 결정하는 것이거나 물을 수 있는 것이 아닙니다. 하나님께서 어떤 도구를 사용하시는가는 우리가 상관할 바가 아닙니다. 요한복음에서 전하는 주님의 마지막 말씀을 기억하시기 바랍니다. "내가 올 때까지 그를 머물게 하고자 할찌라도 네게 무슨 상관이냐 너는 나를 따르라 하시더라." 요21:22

원래는 1970년 5월 29일, 인디아나주 엘크하르트의 연합메노나이트 성서신학대학원에서 전한 말씀이다.

12장 돌이키고 돌이키라

옛날에 주변 문화의 우월한 경제적, 정치적 세력에 위협을 받는 한 종교적 소수 민족이 있었습니다. 강력한 경제력과 군사력으로 세계를 지배하는 나라 아래서 힘없이 살아가던 이들 작은 무리는 심각하게 의기소침해 졌습니다. 통치자의 종교가 갖는 문화 권력은 교육과 오락 산업을 통해 소수 민족의 젊은 세대를 세뇌해서 그들의 선조가 그 나라로 들어올 적부터 수 세기 동안 유지해 온 언어와 문화로부터 점점 멀어지게 했습니다.

한 편에서는 범세계주의적인 세상과 다른 한편에서는 계승된 신앙을 간직한 이들 소수민족의 긴장감은 젊은이와 노인의 관계라는 또 다른 양극성polarity에 의해 고조됩니다. 그들이 기존에 들어온 것에 대해 의문을 제기하는 성향이 강한 젊은 세대들은 그들 선조의 신앙에 대해 존경심을 보이지 않은 사회 때문에 더 많은 영향을 받게 됩니다. 그들은 억척같이 품은 선조의 신앙에 대해 존중하면서도, 좀처럼 그들이 주장하는 진리에 대해서는 큰 감흥을 받지 않습니다.

반면 언제나 믿어왔던 바를 고수하려는 성향이 있는 노인들은 범세계주의적 문화가 그들이 본 바와 같이 그들의 아들과 딸들을 변질시키는 유혹과 의심과 불화로 가득한 사악한 것임을 확신합니다. 이에 계승된 신앙을 지키는 것은 비록 문화적인 소외나 경제적 박탈이 있다 한들 지킬 수만 있다면 충분히 가치 있는 것으로 여깁니다. 젊은 세대들의 순응과 노인들의 배타주의적 방어 사이의 긴장감을 바라보는 통찰력 있는 관찰자라면 이들 의기 있는 소수자들의 신앙이 오래도록 지속할 수 있을지를 회의적이라 여길 것입니다. 이러한 위험은 실제여서 세대 간의 연결점은 끊어져 버릴 것이고, 어떤 신앙이 살아남아 지속하든 간에 그것은 결코 지금과 같은 종교이지 않을 것입니다.

방금 말씀드린 "옛날"의 이야기는 주전 5세기, 느헤미야가 활동하던 바로 직전 세대의 이야기였습니다. 페르시아의 통치 아래에서 그들의 자존심이라 할 수 있는 정치적 독립을 위한 어떤 회복의 기운도 상실한 유대 민족은 오늘날로 친다면, 소위 정체성의 위기에 직면했습니다. 이러한 시기에 활동했던 예언자의 책이 바로 말라기입니다. 말라기서의 마지막 말씀들은 다른 어떤 예언자들의 말씀보다 우리의 마음에 남아 있습니다. 그것은 구약성서의 가장 마지막에 배치된 이유 때문이기도 하고, 예수의 동시대인으로 기대되는 엘리야에 대한 언급 때문이기도 하며, 헨델의 메시아에서 본문이 사용되었기 때문이기도 합니다.

만군의 여호와가 이르노라 보라 내가 내 사자를 보내리니 그가 내 앞에서 길을 예비할 것이요 또 너희의 구하는바 주가 홀연히 그전에 임하리니 곧 너희의 사모하는바 언약의 사자가 임할 것이라 그의 임하는 날을 누가 능히 당하며 그의 나타나는 때에 누가 능히 서리요 그는 금을 연단하는 자의 불과 표백하는 자의 잿물과 같을 것이라 그가 은을 연단하여 깨끗게 하는 자 같이 앉아서 레위 자손을 깨끗게 하되 금, 은 같이 그들을 연단하리니 그들이 의로운 제물을 나 여호와께 드릴 것이라 그때에 유다와 예루살렘의 헌물이 옛날과 고대와 같이 나 여호와께 기쁨이 되려니와. … 만군의 여호와가 이르노라 보라 극렬한 풀무불 같은 날이 이르리니 교만한 자와 악을 행하는 자는 다 초개 같을 것이라 그 이르는 날이 그들을 살라 그 뿌리와 가지를 남기지 아니할 것이로되 내 이름을 경외하는 너희에게는 의로운 해가 떠올라서 치료하는 광선을 발하리니. … 보라 여호와의 크고 두려운 날이 이르기 전에 내가 선지 엘리야를 너희에게 보내리니 그가 아비의 마음을 자녀에게로 돌이키게 하고 자녀의 마음을 그들의 아비에게로 돌이키게 하리라 돌이키지 아니하면 두렵건대 내가 와서 저주로 그 땅을 칠까 하노라 하시니라.말3:1-4, 4:1-2, 5-6

방금 소개한 말라기의 말씀들에는 미래에 대한 두 가지 이미지를 볼 수 있습니다. 첫째는 그 백성을 정결케 하심으로 하나님을 바르게 예배하도록 이끄실 여호와 성전의 도래입니다. 두 번째는 그 백성의 마음을 돌이켜 더는 그 땅이 저주를 받지 않도록 할 예언자의 도래입니다. 이 두 가지 약속들은 병들고 분열된 사회 가운데 전해집니다. 이 약속들이 구체적으로 무엇을 말해주고 있을까요?

이제 구약의 마지막 말씀이었던 그 두 번째 약속부터 살펴보도록 하겠습니다.

아버지들과 아들들

당시의 유대 백성에게는 아버지들과 아들들 사이의 명백한 차이가 있었습니다. 아버지들은 오랜 세월의 패배와 포로기 가운데 지켜가는 유대적 정체성을 대변하는 세대들이었습니다. 이제 그들은 팔레스틴 땅에서 무너진 이스라엘을 일으키는 가운데 그들의 아들들이 이웃 문화에 현혹되고 사마리아 여인들과 사귀는 것을 목도하고 있습니다. 그 위험은 매우 실제적이어서 그 백성은 해체될 참이었고, 예언자의 말을 빌린다면, "내가 와서 저주로 그 땅을 칠" 만한 상황이었습니다.

이러한 일은 오늘날도 마찬가지입니다. 프로이트가 현대적 용어로 표현하기 이천 년도 훨씬 전에, 예언자는 사회 안에서의, 가정 안에서의, 심지어 자아 안에서의 인간 갈등과 분열의 속성에 대한 무언인가를 보았습니다. "아버지"라는 이름은 사회적 지위만이 아니라 사고방식 mentality를 의미합니다. 아버지란, 다른 사람들은 물론 그 자신에게, 있는 그대로의 것들의 체제와 동일시됩니다. 그러한 기존의 체제가 위협을 받으면, 그 역시 위협을 받습니다. 이에 아버지는 질서를 보호하기 위해 자신을 방어합니다. 그 일에 그는 그가 가진 권력과 통제권과 권위라는 도구들을 이용합니다.

아들이라는 표label 역시 사고방식과 관련됩니다. 아들은 아버지를 재의 우세한 체제와 동일시합니다. 따라서 그는 그 자신이 누구인가를 명확히 하려고 그 자신과 다른 사람들에게 자신의 독립을 증명해야 합니다. 주어진 체제에 대한 어떠한 비평도 그에겐 자랑거리가 됩니다. 체제에 대한 어떤 공격도 그 자신을 만족하게 해 줍니다. 어떠한 변화도 더 나은 것을 위함입니다. 이를 위해 아들은 그가 가진 모욕과 의심과 불순종의 도구를 사용합니다.

결국 "아버지들"과 "아들들" 사이의 문제는 명확해 집니다. 기성 체제 대 변화, 통제 대 자유. 이 두 세대는 이것이 문제라는 데에 동의하고 있습니다.

그러나 결과적으로 이 둘은 모두 틀렸습니다.

이 두 세대가 이 갈등상태를 보는 방식은 모두 그들로 주어진 문제를 똑바로 보지 못하게 하고 있습니다. 권력은 아버지들의 편에 있지 않습니다. 그들 자신이 미래는 그들 너머에 있음을 알고 있기 때문입니다. 그들의 엄격한 통제는 두려움의 표현이지 결코 그들의 힘을 드러내 주지 않습니다. 마찬가지로 혁신, 창의성, 견고함solidity 역시 아들 편에 있지 않습니다. 대부분의 반항rebellion은 무기력하며 상상력이 부족합니다. 그것은 단지 과거의 것에 대한 반발일 뿐입니다. 새로운 무언가를 만들어내기invent보다는, 많은 경우 아들들은 뒤집기invert에 바쁩니다. 그들은 그대로 시작했다가도, 중도에 완전히 뒤집어 버리곤 합니다.

결국, 아버지들과 아들들은 상호 간의 대립에서 유사함이 있습니다. 그들 모두는 두려움에 차 있습니다. 그들은 각자 상대방을 강하다고 여깁니다. 그들 각자는 그들 각자의 힘을 만들어 가는데 실제 걸림돌이 되는 것을 알고 있지 못합니다. 그들은 신뢰하지 못하고, 확신 가운데 협력하지 못하며, 그전 시대의 최고의 안목을 자신의 세대 안에 원만히 적용시키지 못하기 때문에, 그 땅은 고통을 받게 될 것입니다.

말라기의 시대에, "땅에 대한 저주"는 메뚜기 떼의 재앙이나 가뭄을 의미했을 것입니다. 우리가 공유하는 세계관으로는 메뚜기떼와 세대 차 사이의 연결점을 쉽게 알아보기 어려울 것입니다. 하지만, 동시에 우리 문화의 세계적 영역은 이 둘 사이의 관계를 가늠하게 하여 줍니다. 왜냐하면, 우리가 들이마시는 공기와 물은 다음 세대를 고려하지 않은 남용으로 오염되어 저주를 받은 상태에 있기 때문입니다. 그런 점에서 땅이 저주를 받는 풍경은 오늘날도 여전히 이해할 수 있는 것입니다. 대기 중의 산소가 모두 탄산가스가 되고 마시는 물이 모두 독소와 세제 등으로 오염될 때, 우리는 우주인들이 남은 연료가 소진될 때 으레 지구로 다시 돌아오듯 고향인 지구로 돌아올 수 없는 처지가 되어 버릴 것입니다.

오실 그분

말라기 예언자는 이러한 상황에 대해 이제 다음과 같이 말합니다. "엘리야라 부르는 다른 예언자가 올 것입니다. 그는 갈라진 곳을 치료하고 저주를 물리칠 것입니다. 그는 새로운 절충안으로 타협하려 하지 않을 것입니다. 그는 억지로 강요하거나 사람들을 통제하려 하지 않을 것입니다. 단지 그는 "그들의 마음을 돌이키게" 할 것입니다. 그는 아버지들과 아들들을 회심시킬 것입니다. 그동안의 갈등 속에서 새로운 분위기, 새로운 태도들이 만들어질 것입니다. 그것은 새로운 법이나 계약이 아닌, 새로운 열림과 새로운 공동체에 대한 것입니다."

분명히 젊은이들과 연장자들 사이의 거리감은 우리 사회만 안은 갈등이 아닙니다. "세대 차"는 우리 시대에 흔한 주제입니다. 그러나 다른 많은 문제가 그와 연관해서 발생하고 있습니다. 어떤 치유가 없다면, 사회는 말 그대로 분열되고 말 것입니다. 보수와 진보 세력들이 서로 화해하지 못한다면, 한 문명은 둘로 갈라질 것이며, 각각 상대에 대한 신뢰 혹은 창조성 없이 방어적으로 두려움 가운데 대응하는 것은 결코 새로운 출구를 만들어주지 못할 것입니다. 그야말로 기존의 길들에 대한 "돌이킴"이 없다면 말입니다.

예언자는 이러한 세대 간의 차이점들이 사라질 것이라고 말하지 않습니다. 아들들은 기존의 것들을 뒤엎을 것을 주장하는 아들들로 남아 있을 것이며, 아버지들은 원래의 것으로 되돌리고 싶은 굶주림 가운데 있는 아버지들로 남아 있을 것입니다. 그러나 서로에 대한 적대감만큼은 그 "회심"에 의해 치료될 것입니다. 어떻게 그것이 가능할까요?

예언자는 세대 간의 논쟁이 그칠 것이라고 말하고 있지 않습니다. 하나님이나 엘리야가 아버지들에게 나타난 그 아들들이 얼마나 옳은가를 보여주려 하지 않을 것입니다. 혹은 그 반대로도 말입니다. 또한, 그러한 문제들에서 하나님은 두 세대 간 사이의 어딘가에서 바른 입장을 취하지 않으실 것입니다. 대신 전혀 새로운 일이 벌어질 것입니다. 그렇다면, 그것은 대체 무엇일까요?

이에 대한 부분적인 답으로 우리는 본문의 다른 곳을 찾아보도록 하겠습니다. 그것은 여호와께서 그 성전으로 임하시는 모습입니다. 하나님은 이스라엘 사이에서 중재하시는 대신, 하나님은 그들을 심판하실 것입니다. 하나님은 그들을 정결케 하실 것입니다. 이러한 정결에 대한 이야기는 구체적으로 이혼과 잡혼, 사기와 위증, 경제적 착취, 십일조의 실패 등과 같은 하나님과 그 백성 사이에 놓인 죄악들을 끄집어 냅니다. 먼저 이러한 죄는 제련자refiner의 불에 의해 모두 불타 버려야만 합니다. 그래야만 백성은 다시금 하나님과 함께할 수 있고, 그 하나님을 온전히 예배할 수 있게 됩니다.

마태복음과 누가복음은 성전 꼭대기에 기적같이 나타나 보라는 마귀의 유혹을 받으시는 장면을 소개하며 예수님도 이러한 모습을 그 마음에 두고 계셨음을 보여주고 있습니다. 그뿐만 아니라 예수님은 몇 달 되지 않아서 오늘날로 치면 펜실베니아 거리를 걸어가시는 것처럼, 성전을 향해 나아가는 길목에서 수많은 군중을 만났고, 그때에도 이러한 모습을 그 마음에 품고 계셨을지 모릅니다.

수 세기 동안 그리스도인들은 종려 주일 날 성전으로의 행진을 기념적인 종교 행사로 생각해 왔습니다. 그들은 고난 주간이 시작될 때에 예수님이 상당한 인기를 누리셨다는 정도로만 이해했습니다. 그러나 연좌농성, 거리설교 등과 같은 시위행진의 세대를 겪은 우리는 예수의 행동이 일으킨 대중적 공격성의 의미를 비로소 이해하게 되었습니다. 그것이 얼마나 로마인들과 유대인들에게 위협이 되었고, 결국 예수님의 죽음으로까지 연결되었는지를 말입니다. 예수님은 새로운 유형의 군중동원을 통해 인류를 분열시키는 전쟁의 종식을 선포하셨습니다. 그들이 그러한 예수님께 붙여준 이름은 "유대인들의 왕"이라는 칭호였습니다.

예수님은 우리 시대의 사람들이 일찍이 배운 적이 없는 전쟁을 그치게 하는 일에 대해 보여주셨습니다. 선의를 가진 우리의 동지들은 전쟁은 마치 수도꼭지처럼 끌 수 있으리라 생각합니다. 이때 우리가 할 일은 그저 수도꼭지 가까이 다가서서 정직하게 행하면 된다는 식입니다. 다른 사람들은 기존의 역할을 바꾸어 생각해 보면 도움이 된다고 말합니다. 즉 베트콩과 블랙 팬더스미국의 폭력적 극좌파, 샌디니스다스니카라과 민족해방전선 등을 좋은 사람들로 여기고, 워싱턴의 사람들은 나쁜 사람들로 생각하자는 것입니다. 그러한 역할전환에는 분명히 주목할만한 점이 있긴 합니다만, 그것이 결코 전쟁을 종식해 주지는 않습니다. 전쟁을 종식할 유일한 방법은 그것을 위해 누군가가 죽음으로서만 가능합니다. 누군가 패배를 인정해야 합니다. 누군가 굴욕을 당해야 합니다. 누군가 전혀 다른 대안, 자신의 미래와 인기와 심지어는 자신의 생명까지 기꺼이 희생함으로 새로운 질서에 대한 비전을 내놓아야 합니다.

예수님은 말라기가 예언한 바를 실행하셨습니다. 예수님은 성전을 정화하셨습니다. 예수님은 성전 관원들과 모종의 거래를 통해 적당한 삶을 살려는 사람들을 가로막았습니다. 그분은 그저 사람들이 모방하기에 바빴던 행동들에 대해 새로운 심판을 내리시는 데 노력하셨습니다.

다른 길

　앞서 우리는 젊은 저항가들이 종종 창의적이지 못하다는 것을 살펴보았습니다. 이들 저항가는 반자동적으로 그 기성세대들이 행하던 바에 대해 반발한다는 차원에서 순응주의자입니다. 또한, 대체로 저항가들은 다른 사람이 행하는 방식을 반발한다는 점에서도 순응주의자라 할 수 있습니다. 우리는 두려움에 가득한 "아버지"는 더이상 보존할 가치가 없는 것에 대해서조차 무조건적으로 방어적이려하는 그 고집스러움을 살펴보았습니다. 예수님은 새로운 선택, 새로운 기준, 새로운 요청을 통해 이러한 두 세대가 보여준 두려움과 자기 의를 모두 뛰어넘으셨습니다. 예수님은 혈기왕성하기만 한 혁명가들보다 더 혹독하게 현재의 "시스템"을 비판하셨습니다. 예수님은 타협이 아닌 대안을 갖고 계셨기 때문입니다. 구질서에 대항하여 그분은 "하나님 나라"라 부르는 새로운 질서를 바라보셨습니다. 그것은 권력이 방어나 공격을 위함이 아닌 섬김을 위해 쓰이는 새로운 관계성이 되어 의존이나 독립이 아닌 상호의존의 새 체제를 의미합니다. 이처럼 예수님은 보존이나 파괴를 위해 오신 것이 아닌, 새로운 창조를 위해 오신 것입니다.

　이러한 새로운 질서를 받아들이는 사람들은 정결케 될 것입니다. 그들은 돈을 축적하는 대신 나눌 것입니다. 그들은 자기 중심적이 되는 대신, 자신을 넘어선 삶의 가치를 위해 살아갈 것입니다. 그들은 적대감 대신 소통을 위해 일할 것입니다.

　그리스도인들은 이러한 새로운 질서를 추구해야 하며 또 그렇게 살아야만 합니다. 그러나 우리는 이 모든 것을 자연적으로 할 수는 없습니다. 이러한 일이 실행되려면 변화와 "돌이킴"과 회심이 있어야만 합니다. 예수님은 당신을 따르려거든 "회개"하라고 요청하셨습니다. 여기에서 회개는 슬픔이 아닙니다. 그것은 변화에 대한 말입니다. 회개는 후회의 감정이 아닙니다. 그것은 새로운 태도 가운데 흘러넘치는 새로운 행동입니다. 주님은 이러한 변화를 "아버지들"과 "아들들" 모두에게 요구하셨기에, 모든 계층과 모든 유형의 사람들을 화합하게 하실 수 있습니다. 관계단절은 관용이나 대화나누군가는 우리에게 필요한 모든 것은 대화라 말하지만 타협으로 치유되지 않습니다. 치유란 완전히 새로운 시작으로야 가능합니다.

여러분이 신문을 통해 어떤 특정한 정치적 사안을 생각해 본다면 저와 마찬가지로 우리 사회가 공적인 삶 가운데 "내가 잘못했어"라고 말할 능력이 부재하거나 그것을 끝까지 거절한다는 것을 잘 알 수 있습니다. 많은 사람이 새로운 시작을 말하지만, 과거에 대한 책망을 수용하려는 이들은 많지 않습니다. 사실 우리는 "용서를 구하기에는 너무도 큰" 한 개인의 용기와 정직함을 존경합니다. 그들은 과거의 잘못들에 대한 책임을 인정하고, 그것들을 고쳐나가기 시작합니다. 왜 정치인이나 행정가, 혹은 사회로부터는 이러한 행동을 기대할 수 없을까요?

실례로 우리가 1975년 베트남에서나 1983년 베이루트에서 미군 병사들을 철군시켜야 했다는 사실을 인정해야만 했다면, 왜 우리는 처음부터 그들을 그곳으로 보내는 일이 잘못되었다는 것을 인정하지는 못할까요? 왜 정치인들은 "평화는 존중되어야" 한다는 번지르르한 말 대신 실제로 평화를 지지할 수는 없었을까요? 그들의 표현이 실제 어떤 의미를 내포하건, 적어도 그것은 회개의 말처럼 들리지는 않습니다. 왜 전쟁을 종식하려는 의지는 흐릿해져야 할까요? 아니 오히려 우리는 여전히 이겨야 한다는 식의 요청에 의해 전쟁 종식의 의지를 단념하는 것이 아닐까요? 그것은 사람들이 회개의 은혜로부터 자신을 차단하기 때문이 아닐까요?

회개가 새로운 시작의 그림자라면, 그 실체는 화해라고 할 수 있습니다. 사람들은 하나님과 화해를 이루고 서로 향해 돌이킬 수 있습니다. 그것은 하나님께서 그들의 과거, 교만, 죄악들에 대해 간과하시거나 전혀 그에 대해 생각하지 않으셔서가 아니라, 그러한 죄악들을 당신 자신이 대신 짊어지셨기 때문에 가능한 것입니다. 즉 관계회복을 위한 대가를 하나님은 친히 치르시는 것입니다.

과거 우리가 들어왔던 설교들에서 "회심하다"라는 표현은 부정적인 의미로 들렸습니다. 그것은 재미와 경망스러움, 죄악과 막연함, 혹은 나쁜 친구들로부터 돌이키거나 결별하는 것을 뜻했습니다. 물론 그것은 모두 틀린 것이 아닙니다. 어떤 바른 결정과 개인적 성장, 교육 등은 부적절하고, 가치가 없으며, 거짓된 것을 거부하는 일을 내포하는 것이 사실입니다.

그러나 오늘 본문에서 약속된 엘리야를 통한 부르심은 그와 같지 않습니다. 그것은 서로 향한 마음의 돌이킴입니다. 그 어떠한 사적 차원의 금욕일지라도 화해의 모습으로 드러나야만 합니다. 자아의 죽음은 공동체 재탄생의 빛 아래서는 결코 주목을 받지 못할 것입니다. 따라서 우리는 "누가 옳은가?"라거나 "누가 틀렸는가?"라고 묻지 않습니다. 더 나아가 "어떤 점에서 누가 옳은가?"나 "어디까지 누가 잘못했는가?"라고 묻지도 않습니다. 우리는 단지 모든 것을 내려놓고 새로 다시 시작합니다.

"아들들"이 틀렸다.

아들들을 위해 필요한 것은 그들만의 방식을 고수하는 것이 아닙니다. 그것이 남다르며, 신선하기 때문에 매력이 되어 이에 순응하는 것은 결국 그 마음만 공허하게 할 것입니다. 사실 그것 역시 강압 속에서 이루어진 일이기 때문입니다. 그 역시 생각 없는 순응에 의존하는 것에 불과하기 때문입니다. 그것은 소그룹이 가진 긴밀한 관계성에서 볼 수 있는 인격성과 배려심이 없기에, 언젠가 다시 여러분에게 그것이 필요할 때에 그것은 더는 곁에 있지도 않을 것입니다.

가령 여러분은 전쟁을 종식하기 위한 군중 행렬에 합류할 수 있습니다. 전쟁을 끝내는 것과는 무관하게 군중은 그저 앞으로 나아갈 것입니다. 만일 여러분이 몇 개월 후에 함께 행진할 그 군중을 필요로 할 때에는 그들은 맑은 공기나 인구성장률을 제로로 만들기 등과 같은 다른 이유로 모인 군중으로 바뀌어 있을 것입니다.

아들들은 틀렸습니다. 전통heritage에 의해서만 사람은 인간이 될 수 있습니다. 아브라함과 모세의 전통 안에서만 진정으로 자유롭게 하는 새로운 질서를 인간사 가운데 가져 올 수 있습니다. 아들들에게 필요한 것은 돌이킬 수 있는 그들의 마음입니다. 그들에게 필요한 것은 이질적이거나, 참담하거나, 무의미한 조합으로서의 규칙과 의식들로서가 아닌 자유롭게 그들 스스로 맺은 계약으로서의 아버지들이 몸담았던 전통 이것이 다름 아닌 아브라함과 모세가 행했던 것입니다에 대한 핵심을 바로 보는 데 있습니다.

유대 문화에 대한 하나님의 장기적인 목적은 그들이 메소포타미아나 헬레니즘 문화와 같은 거대한 물결에 휩쓸리기 위함이 아니었습니다. 오히려 그 반대였습니다. 하나님은 유대인다움을 젊은 유대인이었던 예수와 그분을 쫓았던 첫 헬라파 제자인 젊은 유대인 바울에 의해 펼쳐놓으시고 이방인들을 맞이하게 하셨습니다. 이처럼 과거를 열어 미래의 길을 발견하는 것으로서의 선교가 갖는 의미는 넓은 의미에서 교육이 갖는 의미이기도 합니다. 우리가 선택하는 과거를 연장하는 일이야말로 앞으로 있을 유일한 미래라 할 수 있는 것입니다.

이것을 부정하는 자칭 혁명가들이야말로 누구보다도 이를 명확히 증명한다 할 수 있습니다. 1970년대 초 "젊은 문화"의 전성기 시절, 늙은 허버트 마르쿠제14)의 제자들이 사용하던 용어는 가장 요란한 것이었습니다. 만일 젊은 애국자들이 마르쿠제의 마르크스주의자 같은 면에 반발하여 미국적 가치에 충성하는 것에 대해 논쟁하게 될 때는 그들은 일반적으로 캘리포니아의 또 다른 나이 많은 에릭 호퍼15)의 말을 인용했습니다.

아들들에 대한 요청은 "돌이키라"는 것입니다. 사춘기적 반항에서 여러분 아버지의 관심에 공평하게 경청할 만큼 자유로워지라는 것입니다. 만일 예수님께서 시작하신 새로운 질서에 대한 비전을 충성을 다해 붙들게 된다면, 여러분은 여러분의 독립이 방해를 받게 될 것이라는 두려움 없이 아버지의 말을 들을 수 있을 것입니다.

"아버지들"이 틀렸다

그러나 이것은 예언자가 말한 바의 반쪽밖에 되지 않습니다. 기성세대에 필요한 것 역시 그들의 방식을 고수하는 것이 아닙니다. 그들의 방어적인 뒷걸음질은 문화적 막다른 골목에 이르게 만들 뿐입니다.

결국 "복고적인 부흥old fashioned revival" 혹은 "성서로 돌아가기" 등의 표현은 건전해 보이지만, 실제로 그러한 경우는 없습니다. 말 그대로

---

14) 독일의 사회철학자로 프랑크푸르트학파 창립 회원이라 할 수 있다. 헤겔과 마르크스에 대한 재해석을 통한 그의 연구는 60-70년대 미국을 비롯한 여러 나라의 대중운동에 지대한 영향을 미쳤다.

15) 노동자 출신의 저명한 사회철학자. 특히 『맹신자들』*The True Believer*(1951)은 대중운동의 본질에 대한 고전적인 저서로 오늘날까지 주목을 받고 있다.

복고적인 부흥이라는 말은 그 용어 자체가 모순입니다. 마찬가지로 여러분은 성서를 가지고 뒷걸음질칠 수는 없습니다.

성서 속의 모국어라 할 수 있는 히브리 언어는 이미 스가랴와 말라기 시대에 사어가 되기 시작했습니다. 회당 교육에 쏟아붓는 노력은 부족했고, 제사의식은 고작 전문가적 랍비의 때에만 유지될 정도였습니다. 히브리 성서는 아브라함 혹은 모세의 믿음을 본받으려는 노력 가운데 쓰였고, 그것을 통해 주어진 땅에서의 종교를 만들고자 했지만, 궁극적으로 실패했습니다. 외부적으로는 아시리아와 바벨론, 그리스, 로마로 이어지는 일련의 충돌 가운데 실패가 야기 되었고, 내적으로는 아들들에 대한 아버지들의 마음이 강퍅해 짐으로 실패를 자초했습니다.

여러분은 뒷걸음질치는 것으로 아브라함에게 이를 수 없습니다. 아브라함의 전생애는 안전을 뒤로하고 약속을 믿고 앞으로 나아간 삶이었습니다. 이것이야말로 신앙 혹은 신실함의 참된 원형이라 할 수 있습니다. 히브리서의 저자는 예수님 자신이 우리가 본받아야 할 모델이며 그 신실함을 이룬 분임을 알려주고 있습니다. 그분은 부끄러움을 참으시고 "그 앞에 있는 즐거움을 위하여" 십자가를 지셨습니다.

여러분은 뒷걸음질로 모세에게 이를 수도 없습니다. 모세 역시 이집트를 떠나 사막으로 나아갔고, 강기슭에서 홍해바다로 들어갔으며, 시내 산을 떠나 다시 사막으로 들어가는 등 계속 앞으로 나아가는 여정을 감내했습니다. 그는 심지어 친히 들어가지 못하는 땅을 바라보았고, 세대를 넘어 모든 하나님의 백성이 하나님을 섬기며 거룩한 제사장이 되며 모든 백성이 예언하는 날의 모습까지 바라봤습니다. 이는 그의 후계자인 여호수아마저도 요단강 너머에서 경험하지 못한 것이었습니다. 아버지들은 단순히 역사를 보다 주의 깊게 읽는 것이나, 보다 기교 있게 전통의 가치를 옹호하는 것으로 구원에 이를 수 없습니다. 그렇다면, 아버지들의 마음을 아들에게로 돌릴 무언가가 있었다면 어떠했을까요?

지난 수백 년 동안의 갈등들 가운데 우리가 배운 한가지 사실이 있다면, 그것은 인간은 전통을 보존하려 해서는 안 된다는 점입니다. 더구나 그 전통이 하나님을 찬양하고 예수님을 따르는 일과 관련된 것이라면 말입니다. 전통을 지키려고 만든 담장은 결국 그 전통을 억누르는 결과를 가져올 뿐입니다.

한 알의 밀알이 죽지 않으면 그 후손에게 그 풍성함이 전달되지 못합니다. 과거가 현재를 있는 그대로 받아들이고 갱신하는 힘을 증명하며 새로운 창의적인 통합으로 솟아오를 때라야 과거는 살아남을 것입니다.

이에 아버지들에게 대한 요청은 아들들의 경우와 같습니다. 돌아서시기 바랍니다. 여러분의 자녀가 되기를 거절하는 여러분의 젊은 형제·자매들을 받아들이도록 자유하십시오. 이제 처음으로 그들의 자유로운 선택에 의해 당신의 가치를 공유하도록 이끌어주십시오. 더는 한 점 오점 없는 모습으로 그들 앞에 있어야 한다는 강박감을 느끼지 않는다면, 아들들에게 주는 선택의 자유는 여러분 자신을 좀 더 확실히 전진해 나가도록 이끌 것입니다. 그것은 여러분으로 여러분의 선조가 "놀라운 은총"Amazing Grace로 불렀고, 아들들과 딸들이 "혁명"이라 불렀고, 예수님께서 "하나님의 나라"라 불렀던 바를 향한 거대한 돌이킴에 합류하는 것이 될 것입니다.

만일 그럴 수만 있다면….

우리는 분열된 사회를 다른 반쪽을 잘라냄으로 치유할 수는 없습니다. 우리는 사람들에게 그 목소리를 낮추라고 요청함으로 그들의 시위를 멈출 수도 없습니다. 우리는 지구적으로 욕을 먹는 "시스템"을 운운함으로 우리 이웃의 운명을 개선할 수도 없습니다.

그러나 만일 우리가 새로운 질서가 필요함을 믿기 시작한다면,

만일 우리가 우리의 사업을 하는 방식과 돈을 다루는 것에 대해서도 예수님의 심판이 임하도록 허락한다면,

만일 우리가 하나님께서 그 원수들을 사랑하시기에 우리 또한 우리의 원수들을 사랑해야 한다는 것을 순종하게 된다면,

만일 그것이 우리를 가장 많이 위협하는 사람들까지도 포함하는 것임을 선포할 수 있다면,

만일 우리가 모든 것이 사람들이 하나님의 사랑의 도구로 자신을 열도록 소통을 재창조하는 하나님의 의도와 능력 안에 있음을 믿는다면, 그래서 그것은 오늘날 증오에 찬 마음들도 바꾸며, 그 저주를 피하게 할 것입니다.

우리는 이미 예언자가 말한 마음을 돌이키는 것의 의미가 내향적이고 부드러운 감성을 자극하는 것이 아님을 말했습니다. 예언자에게 그것은 새로운 삶의 방식이며, 새로운 도덕적 헌신을 의미합니다. 따라서 우리가 경청함으로 변화된다면, 인류는 멸망치 않게 될 것입니다. 그러나 그러한 회심을 원하는 이들이 과연 있습니까? 그러한 화해의 값을 치를 이가 진정 있습니까?

과연 그것을 원하는 이가 있는가?

졸업식에서 연사가 새로운 졸업생들에게 이제 세상은 세상을 구할 그대들을 기다리고 있다고 말하는 것은 관례에 가깝습니다. 그러나 여러분도 알다시피 현실은 이와 다릅니다. 교회 학생들의 졸업식에서 기

독교 문화의 의미를 모두 통달한 듯 우리 자신을 축하하는 일 또한 관례에 가깝습니다. 그러나 우리는 실상이 어떠한지 더 잘 알고 있습니다.

과연 우리는 우리를 돌이키게 하려는 엘리야의 부르심을 우리 문화 속에서 제대로 이해하는 걸까요?

여러분은 국제적으로 성장하는 고센 대학에서 공부하는 특권을 가졌습니다. 직원으로 혹은 대학원 수업으로 이곳에 와서 여러분은 단일언어와 단일민족적 문화에 의해 가르침을 받아왔던 종족주의적인 경향을 깨뜨리는 커리큘럼과 교수진의 헌신을 누리는 기회를 얻었습니다. 그것은 매우 큰 경험이었습니다. 저 역시 예배나 대학 내 자발적 교회 조직, 일부 교수들, 혹은 여러분이 막 이수한 수업들을 통해서 그와 비슷한 이야기를 할 수 있었습니다.

그러나 그 어떠한 장점들도 문제를 일으키시기에는 충분치 않습니다. 적대적인 세상을 제대로 공략하지 못한다면 말입니다. 만일 여러분이 새로운 종의 모습으로 치카노멕시코계 미국인들의 마음과 백인의 마음이 서로 향해 돌이키고, 흑인의 마음과 백인의 마임이 서로 향해 돌이키고, 남성과 여성, 도시와 대학, 아버지와 아들을 하나로 묶어주는 말라기의 약속을 실현해 주지 못한다면 말입니다. 그것이야말로 우리가 화해라 부르는 혁명이 될 것입니다. 오직 하나님만이 그것을 가능케 하사 우리로 그 일을 행하게 하실 것입니다.

인디아나 주 고센의 고센대학 졸업식에서 한 연설문(1970년 4월 19일)

요더의 저서 (* 표는 출간예정)

- The Christian and Capital Punishment (1961)
- Christ and the Powers「그리스도와 권세」 (translator) by Hendrik Berkhof (대장간)*
- The Christian Pacifism of Karl Barth (1964)
- The Christian Witness to the State 「국가에 대한 기독교의 증언」(2013, 대장간 역간)
- Discipleship as Political Responsibility 「제자도, 그리스도인의 정치적 책임」 (KAP역간)
- Reinhold Niebuhr and Christian Pacifism (1968)
- Karl Barth and the Problem of War (1970)
- The Original Revolution: Essays on Christian Pacifism 「근원적 혁명」(2011, 대 장간역간)
- Nevertheless:The Varieties and Shortcomings of Religious Pacifism「그럼 에도 불구하고」(대장간)*
- The Politics of Jesus 「예수의 정치학」(IVP)
- The Legacy of Michael Sattler, editor and translator (1973)
- The Schleitheim Confession, editor and translator (1977)
- Christian Attitudes to War, Peace, and Revolution: A Companion to Bainton (1983)
- What Would You Do? A Serious Answer to a Standard Question 「당신이 라면?」(2011, 대장간역간)
- God's Revolution: The Witness of Eberhard Arnold, editor (1984)
- The Priestly Kingdom: Social Ethics as Gospel (1984)*
- When War Is Unjust: Being Honest In Just−War Thinking (1984)
- He Came Preaching Peace 「선포된 평화, 예수의 평화 설교」(2013, 대장간역 간)
- The Fullness of Christ:Paul's Revolutionary Vision of Universal Ministry 「그리스 도의 충만함」(2012, 대장간역간)
- The Death Penalty Debate: Two Opposing Views of Capitol Punishment (1991)
- A Declaration of Peace: In God's People the World's Renewal Has Begun

(with Douglas Gwyn, George Hunsinger, and Eugene F. Roop) (1991)
- Body Politics: Five Practices of the Christian Community Before the Watching World 『교회, 그 몸의 정치』(2011, 대장간역간)
- The Royal Priesthood: Essays Ecclesiological and Ecumenical (1994)(대장간)*
- Authentic Transformation: A New Vision of Christ and Culture (1996)
- For the Nations: Essays Evangelical and Public (1997)(대장간)*
- To Hear the Word (2001)
- Preface to Theology: Christology and Theological Method (2002)
- Karl Barth and the Problem of War, and Other Essays on Barth (2003)
- The Jewish-Christian Schism Revisited (2003)
- Anabaptism and Reformation in Switzerland: An Historical and Theological Analysis of the Dialogues Between Anabaptists and Reformers (2004)*
- The War of the Lamb: The Ethics of Nonviolence and Peacemaking 『어린 양의 전쟁』(2012, 대장간역간)
- Christian Attitudes to War, Peace and Revolution (2009)(대장간)*
- Nonviolence: A Brief History The Warsaw Lectures (2010)(대장간)*
- The End of Sacrifice:The Capital Punishment Writings (2011)(대장간)*

Articles and book chapters
- (1988) The Evangelical Round Table: The Sanctity of Life (Volume 3)
- (1991) Declaration on Peace: In God's People the World's Renewal Has Begun
- (1997) God's Revolution: Justice, Community, and the Coming Kingdom